Böhm

Wie lebten Prinzen und Prinzessinnen in Wirklichkeit?

oder

Erbsen ohne Ende!

August Dreesbach Verlag
München 2009

WIE LEBTEN PRINZEN UND PRINZESSINNEN IN WIRKLICHKEIT?

oder

ERBSEN OHNE ENDE!

Kinderalltag im bayerischen Königshaus

von Christiane Böhm

August Dreesbach Verlag
MÜNCHEN
2009

Impressum

© August Dreesbach Verlag, München 2009
www.augustdreesbachverlag.de
ISBN 978-3-940061-36-2
Satz: F. J. Keselitz – Agentur für angewandte Typographie
Schrift: Mayflower Antique von Dieter Steffmann
Papier: Freelife Vellum White von Fedrigoni, 120 g / qm bzw. 320 g / qm, holzfrei und
FSC zertifiziert
Gesamtherstellung: Ludwig Auer GmbH, Donauwörth
Printed in Germany.
Titelbild: Fotografie von Prinzessin Isabella von Bayern (*31. August 1863,
† 26. Februar 1924), Bayerisches Hauptstaatsarchiv / Abt. Geheimes Hausarchiv

Inhalt

In der hinteren Klappe findest du einen Stammbaum der Wittelsbacher.

☞ Die Hand verweist am Ende einzelner Kapitel auf Ausflugstipps zu Orten, an denen sich die Prinzen und Prinzessinnen aufgehalten haben und die man heute noch besichtigen kann.

Geleitwort
Seiner Königlichen Hoheit
Herzog Franz von Bayern

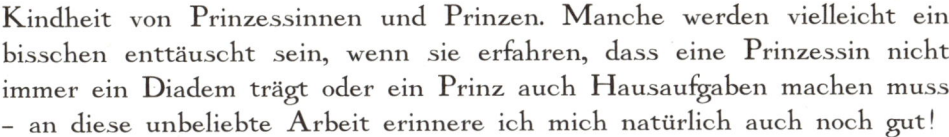

Liebe Kinder,

wie Ihr auf dem Foto von meinem
Dackel Wasti und mir im Park
von Schloss Nymphenburg sehen könnt, bin ich inzwischen ein
Herr im Großvateralter. Aber wie
Ihr sicher wisst, erinnern sich die
meisten Erwachsenen noch gerne
an die lieben Menschen und die
schönen Erlebnisse in ihrer Kindheit. So geht es auch mir.
    Ich wünsche Euch viel
Freude beim Lesen über die
Kindheit von Prinzessinnen und Prinzen. Manche werden vielleicht ein
bisschen enttäuscht sein, wenn sie erfahren, dass eine Prinzessin nicht
immer ein Diadem trägt oder ein Prinz auch Hausaufgaben machen muss
– an diese unbeliebte Arbeit erinnere ich mich natürlich auch noch gut!
    Ich bin heute der Herzog von Bayern, weil ich als Urenkel des
letzten bayerischen Königs Ludwig III. zur Welt gekommen bin. Mein
Familienname ist Bayern, wie das Land, in dem ich lebe.
    Als ich 1933 geboren wurde, war mein Urgroßvater, König
Ludwig III., schon lange tot und Bayern keine Monarchie mehr. Meine
Eltern, Herzog und Herzogin Albrecht von Bayern, haben meinen jüngeren Bruder Max und meine Zwillingsschwestern Marie-Gabrielle und
Marie-Charlotte nicht wie früher nur Ammen, Kindermädchen und Erziehern überlassen, sondern wie die meisten Eltern unserer Zeit mit uns
Kindern zusammengelebt und uns erzogen. Wir wurden nicht mehr als
kleine Erwachsene gesehen, von denen man erwartete, dass sie sich auch
so „wohlerzogen" verhielten. Als wir klein waren, lebten wir auch nicht in

einem Schloss, sondern meistens in einem gemütlichen Haus in der Nähe des Tegernsees.

Wie viele Kinder aus meiner Generation habe ich nicht nur gute Erinnerungen an die Kinderzeit, denn als ich sechs Jahre alt war, brach der Zweite Weltkrieg aus, und meine Familie musste Bayern verlassen und konnte nicht mehr ungestört weiterleben. Nach dem Krieg kam ich dann ins Internat von Kloster Ettal und besuchte dort das Gymnasium.

In vieler Hinsicht ist es heute angenehmer, ein Kind zu sein als früher – in anderer dafür schwerer. Die Welt verändert sich, aber es sind wir Menschen, die sie gestalten. Es ist, als würden wir alle an einem großen Haus bauen. Unsere Vorfahren haben den Grundstein und die Grundmauern gelegt, unsere Urgroßeltern und Großeltern haben weitergebaut, und jetzt bauen Deine Eltern, Du und ich auf dem auf, was die Generationen vor uns errichtet haben. Und so geht es immer weiter – und das Haus wird hoffentlich immer freundlicher für alle Kinder und alle Erwachsenen auf der Welt.

Es grüßt Euch aus Nymphenburg

Herzog Franz von Bayern

War das Leben im Schloss wirklich so prunkvoll?

Tatsächlich wuchsen echte Königskinder in einer sehr beeindruckenden Umgebung auf. Ihr Zuhause, das Schloss, hatte hunderte von Räumen, davon manche so groß wie eine Turnhalle oder sogar noch größer. Dort konnte man natürlich herrlich herumtoben, auch wenn das nicht unbedingt erlaubt war und als äußerst unfein galt. Die junge Königin Marie, das war die Mutter von Kronprinz Ludwig (II.) und Prinz Otto, spielte trotzdem manchmal mit ihren Kindern in den langen Gängen der Münchner Residenz fangen. Wenn du mal die Residenz besuchst und durch

Was würdest du am liebsten in so einem großen Raum machen? Thronsaal der Münchner Residenz.

die langen Flure läufst, kannst du sicher gut nachfühlen, wie viel Spaß das gemacht haben muss. In Schloss Nymphenburg brauchte man zu Fuß eine halbe Stunde, um von einem Ende des Schlosses zum anderen zu kommen. Für Prinz Adalbert und seine Geschwister war es der größte Spaß, mit dem Fahrrad durch die langen Korridore zu fahren. Weniger lustig war das für die „Frotteure". Das waren Diener, die dann mit einer Fußbürste - das ist eine Bürste, die man an die Füße schnallt - die Radspuren auf den Parkettböden beseitigen mussten.

Prinz Adalbert und sein Bruder gingen nicht nur gemäßigten Schrittes durch diese langen Gänge des Schlosses Nymphenburg...

Die Wände der Räume waren mit wertvollen Stoffen oder Gobelins (Wandteppichen) bespannt und mit Gold und edlen Schnitzereien verziert. Reiche Malereien schmückten die Zimmerdecken, von denen prachtvolle Kronleuchter hingen. Die ganze Ausstattung war prunkvoll und vom Feinsten. Aber damals gab es noch kein elektrisches Licht, keine Zentralheizung und kein warmes Wasser aus dem Wasserhahn oder Toiletten, so wie wir sie heute kennen. Das Wasser musste aus dem Brunnen geholt werden, Kerzen und Petroleumlampen beleuchteten die langen Flure und großen Zimmer nur spärlich. Die Küche lag in Schloss Nymphenburg so weit weg, dass die Diener das Essen unter Deckeln über den Schlossplatz tragen mussten, auch wenn es regnete oder schneite. Da konnte es schon passieren, dass ein kräftiger Wind den Deckel vom Tablett wehte und das Essen darunter mitnahm.

Im Winter war es sehr schwer, die großen und hohen Räume mit Holz im Kamin oder Kachelofen zu beheizen. Sicher war es dann kalt und ungemütlich in so einem Schloss, und die langen dunklen Gänge und Räume waren eher unheimlich als heimelig. Der Cousin von Ludwig (II.) und Otto, Prinz Leopold, wohnte auch mit seiner Familie in der Residenz. Er beschreibt, wie gruselig es dort sein konnte, wenn bei Dunkelheit in

Prinz Leopold (links) und sein älterer Bruder Prinz Ludwig (III.) mit neun und elf Jahren.

jedem Zimmer nur ein Wachslicht brannte: „Da gab es nun bei den dunklen Wänden und den vielen Spiegeln in dieser Dämmerung alle möglichen Schatten, oft sauste der Winterwind in den Kaminen und pfiffen die Mäuse in denselben. Wenn ich nach eingetretener Dunkelheit als Kind allein durch diese Räume gehen musste, so konnte ich mich eines unbehaglichen Gefühles nur schwer erwehren. Es sind ja auch gerade diese Räume und die gegenüberliegenden Zimmer, in welchen wir Kinder damals wohnten, diejenigen, welche die Schwarze Frau - eine Erscheinung, welche einem alten Glauben gemäß den Tod eines Familienmitgliedes anzeigte - auf dem Weg zur Kapelle durchschreiten soll."

☞   Ein Besuch der Residenz ist wirklich spannend! Hier kannst du in der Schatzkammer auch die Kronen einiger Könige und Königinnen sehen!

☞   Dein Fahrrad wirst du leider nicht ins Schloss Nymphenburg mitnehmen können. Aber schau doch mal, wie lange du zu Fuß brauchst, um von einem zum anderen Ende zu kommen!

Gab es Schlossgespenster?

Die „Schwarze Frau", von der Prinz Leopold erzählt, ist eine Art „Schlossgespenst" in der Residenz. Wer diese Frau zu Lebzeiten war, darüber gehen die Meinungen auseinander. Die einen glauben, es ist Maria von Brabant, die von ihrem Mann Herzog Ludwig II. dem Strengen vor über 750 Jahren aus Eifersucht umgebracht wurde. Seitdem findet ihr Geist keine Ruhe und erscheint den Wittelsbachern immer wieder, oft bei Familientreffen. Fürchten muss sich vor allem der- oder diejenige, an dessen Seite sie erscheint, denn es heißt, dass diese Person bald sterben wird.

Das ist Kurfürstin Maria Anna Sophie zu ihren Lebzeiten (1728 – 1797). Laut Prinz Adalbert, der als Erwachsener Historiker wurde und die Geschichte der Wittelsbacher sehr genau erforschte, ist sie die „Schwarze Frau". Sie war 22 Jahre lang Witwe, und ihrem Einsatz ist es zu verdanken, dass Bayern ein eigenständiges Land blieb und nicht von Kurfürst Karl Theodor an Österreich gegeben wurde. Ihr Grab findest du in der Münchner Theatinerkirche.

Auch hatte der Onkel von Leopold, Adalbert, eine Begegnung mit ihr, kurz nachdem Leopold und seine Familie aus der Residenz weggezogen waren und Prinz Adalbert mit seiner jungen Frau in die frei gewordenen Kurfürstenzimmer eingezogen war. Es war in einer Nacht im Winter, als um zehn Uhr plötzlich eine schwarz gekleidete Frau in seinem Schlafzimmer erschien. Als er ihr mit der Kerze in der Hand folgen wollte, verschwand sie spurlos. Sie war wie vom Erdboden verschluckt. Aber keine Angst, Adalbert musste nicht sterben!

Einer anderen Vorfahrin von Leopold, Prinzessin Amalie, waren die Kurfürstenzimmer mit der Cäcilienkapelle so unheimlich, dass sie die Tapeten mit Weihwasser besprenkelte, wahrscheinlich, um die „Schwarze Frau" fernzuhalten. Und das nicht ganz zu Unrecht, denn noch viele, viele Jahre später erschien die „Schwarze Frau" bei einem Nachmittagstee von Prinzessin Antonia (der Frau des letzten Kronprinzen Rupprecht). Sie stand plötzlich in der Tür neben Antonias Schwester Sophie und verschwand genauso geheimnisvoll wieder. Wenige Monate später starb Prinzessin Sophie …

Prinzessin Wiltrud hatte vor allem vor einem Angst: dem Berggeist. Er erschien ihr oft nachts in ihren Träumen, oder sie dachte, er stünde in der Ecke des Erkerfensters. Dann konnte sie vor Angst nicht einschlafen. Trotzdem spielten sie und ihre Schwester Helmtrud selbst gerne Berggeist, indem sie eine „Berggeist"-Schlafmütze – damals schlief man noch mit Schlafmütze – aus einem Tuch falteten.

Ganz andere Begegnungen mit Gespenstern hatte der kleine Ludwig (I.). Als er zehn Jahre alt war, zog die Familie nach Ansbach in ein prachtvolles Schloss mit vier Stockwerken. Zum ersten Mal wohnten die Kinder von Max I. Joseph in einem so riesigen Palast. Leider wurde Ludwig die Freude an der neuen Umgebung erstmal gründlich verdorben. Ludwig hatte große Angst vor Gespenstern. Schon früher hatten sich die Pagen üble Scherze mit ihm erlaubt, indem sie ihm, in weiße Leintücher gehüllt, als Gespenster verkleidet, erschienen sind. Um Ludwig abzuhärten, erzählte ihm sein Vater so viele Gespenstergeschichten, dass sich Ludwig erst recht in der unheimlichen Schlossgalerie fürchtete. Aber man zwang ihn, alleine durch den großen, dunklen Marmorsaal zu gehen, an dessen Wand die Bilder von zwei Markgrafen hingen. Angeblich sollten diese Bilder manchmal spuken, indem sie lebendig wurden, und mal der eine, mal der andere Markgraf einen Fuß vorsetzte. Auch durch den Wallgang an der Stadtmauer muss-

Möchtest du hier nachts alleine sein? Das ist der Marmorsaal in Ansbach, für Prinz Ludwig (I.) ein gruseliger Ort. Hinten an der Wand über dem Kamin hängt der eine der beiden Markgrafen, die – vielleicht im flackernden Schein des Feuers? – manchmal lebendig zu werden schienen.

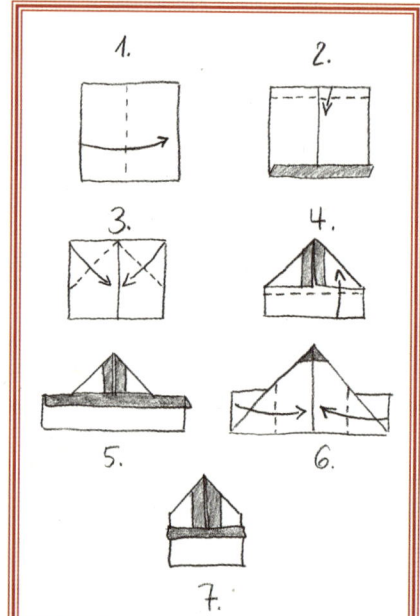

Faltanleitung für eine „Berggeist"-Schlafmütze, wie die Prinzessinnen Wiltrud und Helmtrud sie gerne trugen.

te Ludwig nachts alleine gehen! Eines Abends spielte man den Kindern einen besonders üblen Scherz. Es war schon dunkel, als der Kabinettssekretär Gravenreuth Ludwig und seine Schwester Auguste in den unheimlichen Marmorsaal führte. Dort spielte er den Geisterbeschwörer. Er fragte die Kinder, wen er erscheinen lassen solle. „Julius Cäsar", antwortete Ludwig zaghaft. Da knarrte plötzlich die Schranktür und ein in einen roten Teppich gehüllter Mann „erschien" (es war der vorher weggeschickte Diener), und auf die neue Beschwörung Gravenreuths sprang auch noch der „Leibmohr" als Geist heraus. Daraufhin bekam die Erzieherin von Auguste einen Nervenschock – du kannst dir sicher vorstellen, wie es dann erst den Kindern bei diesem „Scherz" ergangen sein musste! Hinterher erklärte man ihnen, wie es gemacht worden war, in der Hoffnung, ihnen so die Angst vor Gespenstern ausgetrieben zu haben.

☞ Von den heutigen Besuchern der Residenz ist noch keinem die „Schwarze Frau" begegnet. Es hat sich wohl für sie ausgespukt. Du kannst dich also ruhig in die Kurfürstenzimmer in der Residenz trauen!

☞ Auch in Schloss Ansbach wird eine Gespenstersuche vergebens sein. Aber ein Besuch des Schlosses lohnt sich natürlich trotzdem, und wenn du schon dort bist, dann schau dir die beiden Markgrafen im Marmorsaal genau an!

Wer wohnte in den vielen Zimmern ?

Ein Schloss hatte hunderte von Zimmern – die Münchner Residenz ist das größte Stadtschloss in Deutschland – das war viel Platz für eine Familie. So wohnte der König in einer Wohnung, die Königin hatte ebenfalls eine eigene, und die Kinder wohnten wieder in einem eigenen Gebäudeteil. Da war man manchmal auch ganz schön weit voneinander weg. Es lebten aber auch noch viele andere Menschen im Schloss, oft Geschwister des Königs mit ihren Familien und dann natürlich der so genannte Hofstaat, also alle Bediensteten, die aber zum großen Teil ebenfalls Adelige waren. Das waren die Hofdamen, der Hofmarschall, Küchenmeister, Stallmeister

Wie viele Zimmer die Münchner Residenz hat, kann niemand genau sagen, es sind ungefähr 2000 Räume (da ist dann aber jede Besenkammer mitgezählt). 135 davon kann man heute besichtigen.

und viele, viele mehr. Da gab es einen Intendanten der königlichen Gärten, einen Zeremonienmeister, den Gewandkämmerer (Grandmaître de la garderobe), einen Oberjägermeister, einen Generalintendanten der königlichen Schauspiele und den der königlichen Hofmusik, die Kammerherren und -damen und die Hofmarschälle der königlichen Prinzen. Außerdem gehörten die königlichen Leibärzte, die Privatkanzlei und der Vorleser des Königs dazu. Zusätzlich gab es noch ganz spezielle Diener und Dienerinnen, wie zum Beispiel einen „Silberbewahrer".

Die meisten Schlösser haben verschieden hohe Stockwerke. Das kann man von außen an der Fassade sehen, da gibt es Stockwerke mit hohen Fenstern und zwischendrin welche mit niedrigen Fenstern. In den hohen Räumen lebten die Mitglieder der Königsfamilie, in den niedrigen Stockwerken dazwischen, man nennt sie „Mezzanine" (mezza = halb), wohnten die Bediensteten.

Hier siehst du einen „Silberbewahrer" bei seiner Arbeit. Welche Aufgaben hatten wohl eine „Beschließerin" oder die „Holzträger"?

Wenn Besuch kam, eine Schwester der Königin zum Beispiel, dann kam die nicht alleine, sondern mit ihrem eigenen Hofstaat im Schlepptau – und all diese Menschen wohnten dann auch im Schloss und blieben oft über Wochen und Monate. So konnte es sein, dass zeitweise weit über hundert Menschen zusammen in einem Schloss wohnten.

Im Sommer und Herbst ging es bei der Familie von Prinz Adalbert meistens sehr fröhlich zu. Da kamen etliche Verwandte, um den Sommer in Nymphenburg zu verbringen. Zuerst zogen Adalberts Großmutter Amalie und Tante Clara ein. Dann kam Großmutter Isabella aus Paris dazu. Im Herbst kamen dann noch die „Genuas", das war Adalberts

Tante Isabella mit Familie und Gefolgschaft aus Italien, die „Würms" und die „Alfonsos", ebenfalls Onkel und Tanten Adalberts, so dass das Schloss im Sommerhalbjahr voll belegt war.

Im Winter dagegen lebte die Familie von Prinz Adalbert mehr oder weniger alleine im Schloss Nymphenburg. Wenn dann der Wind an den Fenstern rüttelte und die Schritte in den schlecht erleuchteten

Hier, an der Westfassade der Münchner Residenz, kannst du die „Mezzanine" gut erkennen. Das ist das Stockwerk mit den kleineren Fenstern.

oder ganz dunklen Gängen hallten, war es auch Adalbert – ähnlich wie Leopold (er war Adalberts Onkel) in der Residenz – nicht ganz geheuer.

Auch er hatte schon oft Gespräche der Großen aufgeschnappt, bei denen es um Schlossgeister ging oder darum, dass die „S c h w a r z e F r a u" gesehen wurde.

Hier kommt König Alfons XIII. von Spanien gerade mit seinem neuen Automobil in Schloss Nymphenburg an. Er war der Schwager von Prinz Ferdinand Maria, der seine Schwester geheiratet hatte.

Wie sah ein königliches Kinderzimmer aus?

Geschwister wohnten oft zusammen, vor allem wenn sie altersmäßig nah beisammen waren. Sie hatten, gemeinsam mit ihrer Kinderfrau, eine Art kleine Wohnung mit Schlafzimmer und Salon (Wohnzimmer). So ein „Kinderzimmer-Wohnzimmer" sah im Prinzip aus wie dein Kinderzimmer heute. Darin standen ein Schreibtisch, Stühle, vielleicht ein Käfig mit einem Haustier und diverse Spielsachen, wie zum Beispiel Bauklötze, Puppenstuben, Puppenwagen, Steckenpferde, Ritter, Tiere aus Pappmaché oder Bleisoldaten. Im Kinderschlafzimmer standen die Betten der Prinzen und Prinzessinnen und das der Kinderfrau, außerdem getrennte Waschtische (Waschbecken mit fließend Warm- und Kaltwasser gab es damals noch nicht) für Kinder und Kinderfrau.

Prinzessin Wiltrud, eines der 13 Kinder von König Ludwig III., dem letzten bayerischen König, erinnert sich in ihrem Tagebuch: „Im Jahre 1897 (da war Wiltrud 13 Jahre alt, d. V.) fand der Umzug ins Palais Wittelsbach statt. Wir kamen vom Landschloss Leutstetten herein, nach München. Wir stiegen an einem kalten Wintertag die große breite Treppe des Palais hinauf. Große Gaslampen beleuchteten dieselbe. Otti (das war ihre Kin-

„Salon" der Prinzessinnen Wiltrud und Helmtrud.

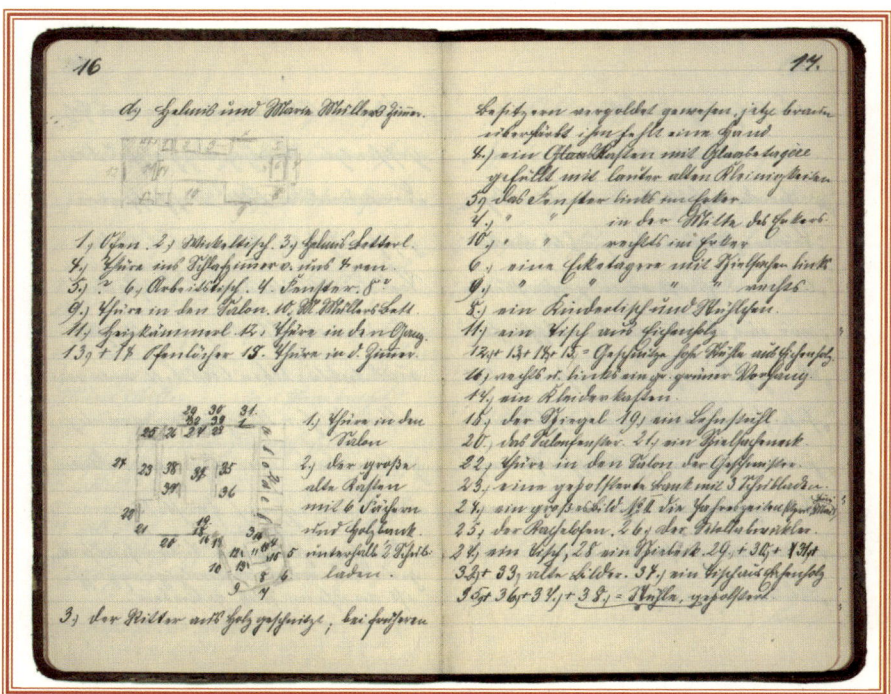

Prinzessin Wiltrud führte ihr Leben lang Tagebuch. Als ihre Familie in das Palais Wittelsbach umzog, zeichnete sie die Grundrisse und die Einrichtung ihrer neuen Wohnung ganz genau auf.

derfrau, d. V.) hielt mich an der Hand, Helmi wurde am Arm getragen, Wolli und Hilda gingen nach uns. Angekommen im Kinderzimmer überzeugten wir uns, ob alles Spielzeug schon da wäre. Im Zimmer sah ich gleich einige große Bilder vom König von Hannover und seiner Frau Königin Therese von Sachsen Hildburghausen, König Otto von Griechenlands Abschied. Wir setzten uns 3 auf die kleinen Bänke und begannen mit einem Wasserwerk zu spielen, was besonders ich liebte. Dann kam Lola Lola mit dem Kaffee und, wie ich fand, famosen Brezeln. Mir scheinen die Zimmer schrecklich groß! Und der große Lüster in der Mitte!" Das Schlafzimmer teilte Wiltrud mit ihrer jüngeren Schwester Hildegard (Hildi), ihrem älteren Bruder Wolfgang (Wolli) und der Kinderfrau Otti.

Im Palais Wittelsbach wohnte König Ludwig I. nach seiner Abdankung, zeitweise auch Prinz Leopold als Kind. Dessen Bruder Ludwig III. wohnte wieder als Erwachsener dort mit seinen 13 Kindern bis zur Revolution 1918. Das Gebäude wurde im Zweiten Weltkrieg durch Bomben zerstört, heute erinnert nur noch eine Gedenktafel in der Brienner Straße daran, dass es hier mal stand.

Im Kinderzimmer von Ludwig (II.) und seinem Bruder Otto stand ein riesiger Käfig mit zwei Eichhörnchen. Der Schreibtisch von Ludwig war mit zwei Händen verziert, die einen Dieb fangen sollten. Als Ludwig volljährig wurde, das war auch damals mit 18 Jahren, bekam er eine eigene Wohnung. An seine ehemalige Kinderfrau schreibt Ludwig in einem Brief: „Die heutige Nacht ist die letzte, welche ich in unserem alten Zimmer zubringe, morgen beziehe ich meine neue Wohnung (dem Hofgarten und der Theatinerkirche zu). Die Aussicht ist dort sehr schön, die unteren Zimmer werde ich erst in einigen Wochen beziehen können. – ... in meinem Schreibzimmer, welches mein liebstes Zimmer ist, sind an den Wänden die geschnitzten Burgen (Ruinen), welche in der Nähe von Ho-

Das Schlafzimmer von Ludwig II. in Hohenschwangau.

henschwangau sind, sodann hängen Bilder vom Schwanenritter... in diesem Zimmer, Bilder nach den Nibelungen von Schnorr, ein Bild von Beethoven, eines von Shakespeare."

In seinem Schlafzimmer im Schloss Hohenschwangau ließ er Bäume an die Wände malen, und um sein Bett herum stellte er Orangenbäumchen. Auf das Bett schien ein künstlicher Mond, die Zimmerdecke war mit glitzernden Sternen bemalt, und sogar ein richtiger kleiner Wasserfall plätscherte aus der Mauer und rauschte ihn in den Schlaf. Ludwig wollte, dass es so wirkte, als ob er nicht in einem Zimmer, sondern in freier Natur schlafen würde.

Wofür gab es die vielen anderen Gebäude bei einem Schloss?

So ein großes Schloss hatte nicht nur ein Hauptgebäude mit unzähligen Zimmern, sondern auch noch eine Reihe von dazugehörigen Nebengebäuden. Die einen waren rein praktischer Natur: Es gab zum Beispiel eine Schreinerei und diverse andere Werkstätten, in denen die Prinzen und Prinzessinnen auch das eine oder andere Handwerk erlernen konnten. Es gab eine „Menagerie", das ist ein Privatzoo mit vielen Tieren aus fremden Ländern, und eine „Orangerie", ein Gewächshaus, in dem Orangenbäume und andere exotische Pflanzen überwintern konnten, dazu Ställe für die Pferde und Remisen für die vielen Kutschen und Wagen. Andere Gebäude, wie die kleinen Pavillons, die sich über den Schlossgarten verteilten, waren zum reinen Vergnügen da, hauptsächlich, um dort Feste zu feiern. Das alles waren natürlich auch herrliche Spielmöglichkeiten für die kleinen Prinzessinnen und Prinzen.

Für Prinz Adalbert war der aufregendste Moment in den Gewächshäusern die Nacht, in der die „Victoria Regia", die königliche Riesenseerose, blühte. Um dieses Ereignis zu sehen, wurden die Kinder extra nachts aus den Betten geholt. Dann ging es feierlich hinüber zu den Gewächshäusern, wo sie andächtig auf diese Blume starrten, deren Blätter so groß

Schloss Nymphenburg mit seinen vielen Nebengebäuden.

wie ein „Tub zum Duschen" waren. Die Blätter der Riesenseerose „Victoria Regia" können bis zu zwei Meter breit werden und 50 kg Last tragen.

Die elfenbeinfarbige Blüte wird bis zu 40 cm groß!

In einen Turm der Parkmauer von Schloss N y m p h e n b u r g wurde für die Prinzen und Prinzessinnen eine kleine Wohnung zum Spielen eingebaut. Eine kleine Treppe führte nach oben in den runden

Ob sich das eine oder andere Königskind wohl auch mal auf ein Blatt der „Victoria Regia" gewagt hat?

Raum mit Tischchen, Stühlchen und Kanapees. Aus den Luken konnte man auf die Felder hinaus sehen. Die Wände waren mit Landschaften bemalt, darunter Neapel mit dem feuerspeienden Vesuv. Als Ludwig I. schon Opa war, besuchte er oft seine Enkel in diesem „Kindergarten". Manchmal durften die vielen Prinzen und Prinzessinnen dort frühstücken, dann wurde das Essen extra vom Schloss dort hingefahren. Überhaupt war es eine ideale Ecke zum Spielen mit verwildertem Gestrüpp und Himbeeren in der so genannten Seufzerallee. (All das ist nach dem Ende des Königreiches verschwunden, der Turm ist wieder hohl, und die Bäume sind gefällt.)

☞ Die „Victoria Regia" und ihre erstaunlich großen Blätter kannst auch du dir im Botanischen Garten München in Nymphenburg ansehen. Wenn du Glück hast, blüht die Seerose sogar. Ihre Blütezeit ist zwischen Juli und Oktober!

Durften die Kinder im Schlosspark spielen?

Zum Schloss gehörte auch ein Schlosspark. Je nachdem, wie er angelegt war, war er für die Prinzen und Prinzessinnen mehr oder weniger interessant. Bis zur Zeit von König Max I. war der Garten von Schloss Nymphenburg noch in französischem Stil gestaltet. Das heißt, er bestand aus streng geordneten, wie mit dem Lineal gezogenen schnurgeraden Wegen und Blumenbeeten. Da gab es natürlich nicht viel zu entdecken und kaum Möglichkeiten, Versteck zu spielen oder herumzustreunen. „Alleen über Alleen", wie der Sohn von König Max I., Prinz Ludwig (I.), einmal genervt und gelangweilt äußerte.

Der herrliche Garten von Schloss Schwetzingen war für Prinz Ludwig (I.) als Kind das - leider nicht lange während - Paradies auf Erden.

Als Ludwig I. und seine drei jüngeren Geschwister noch kleine Kinder waren, verbrachten sie den Sommer oft mit ihren Eltern in ihrem Ferienhaus in Schwetzingen. Dort gab es einen wunderschönen Garten, den vor allem Ludwig sehr liebte. Doch dann starb seine Mutter, und sein Vater Max wurde Kurfürst von Bayern und musste nach München umziehen. Ludwig gefiel es dort gar nicht. Er vermisste die schönen und fröhlichen Sommertage im Garten von Schwetzingen und seine Mutter. Da kam Caroline, die neue Frau seines Vaters, auf eine Idee, wie man Ludwig das Heimweh ein bisschen lindern könnte. Sie ließ ihm einen eigenen kleinen Garten mit einem eigenen Blockhaus und sogar einer kleinen Kegelbahn im Schlosspark von Nymphenburg bauen. Dorthin konnte Ludwig sich zurückziehen, um zu träumen oder um Gedichte zu schreiben. Bald darauf ließ Ludwigs Vater den ganzen Schlossgarten von Nymphenburg neu gestalten. Aus dem strengen, für Kinder langweiligen Schlosspark in französischem Stil wurde ein „natürlicher" Park mit krum

Prinz Ludwig Ferdinand mit seiner Familie beim Kahnfahren im Nymphenburger Schlosspark.

men Wegen, Wäldchen, Seen, Gestrüpp und Hecken, Wiesen und Bäumen, Blumen und Beeren, nach englischer Art. In diesem Zuge bekamen auch Ludwigs jüngere Schwestern Auguste und Charlotte und der kleine Carl eigene Gärtchen mit Ställen für Kaninchen, Ziegen und Schafe. Davon ist heute noch einer als „Schafgarten" bekannt.

Seit dieser Zeit hatten alle nachfolgenden Wittelsbacher Prinzen und Prinzessinnen ihre eigenen kleinen Gärtchen. Außerdem wurde ein „Prinzengarten", heute würde man sagen ein Kinderspielplatz, angelegt mit Indianerhütte, Badebassin, Taubenhaus und Turnplatz. Im großen Bad mit Wasserfall lernten die Prinzen und Prinzessinnen schwimmen, auf dem See fuhren sie mit der „Baaderschen Dräsine" herum (eine Art Fahrrad auf zwei Schiffen), fischten oder ruderten. Im Winter fuhren sie auf dem

Das ist eine Planansicht des Nymphenburger Schlossgartens im französischen Stil mit „Alleen über Alleen" vor seiner Umgestaltung durch König Max I. in einen...

Plan
des
...inn... Hofgartens
zu
Nymphenburg

...Schlosspark im englischen Stil. Jetzt wirkt er ganz natürlich. Es gibt krumme Wege, Seen, viele Verstecke und abwechslungsreiche Aufenthaltsorte.

zugefrorenen See mit einem Stachelschlitten. Im Park konnten sie herrlich herumstrolchen, reiten, Hunde laufen lassen, Blumen und Beeren pflücken oder was ihnen sonst noch so einfiel, sogar schießen durften sie!

Als das Radfahren aufkam (ungefähr 1895), gab es in Nymphenburg sogar eine Zeit lang eine richtige Radrennbahn, und zwar im Volksgarten, ungefähr dort, wo jetzt die Pfarrkirche steht. Ab und zu durften die Prinzen und Prinzessinnen bei Rennen zuschauen.

Der kleine Prinz Adalbert betrachtete die Rennfahrer voll Bewunderung wie höhere Wesen. Er selbst bekam sein erstes Kinderfahrrad von seiner Großmutter Isabella aus Paris. Unter Anführung von Onkel Alfons unternahmen die Prinzen und Prinzessinnen kleine Radltouren auch außerhalb des Parks, nach Pasing, Blutenburg oder noch etwas weiter.

Prinz Ludwig Ferdinand, seine Söhne Prinz Adalbert und Prinz Ferdinand Maria, Prinzessin Elvira und Onkel Alfons vor einem gemeinsamen Radlausflug an der Treppe des Nymphenburger Schlosses.

Die Kinder von Kronprinz Rupprecht und Prinzessin Marie Gabrielle im Sandkasten. Von links nach rechts: Prinz Rudolf, Prinz Albrecht und Prinz Luitpold.

Vielleicht saß Prinz Adalbert ja bei diesem „Velociped-Rennen" im Volksgarten des Nymphenburger Parks auf der Tribüne? Aufnahme von 1897.

Die Kinder von Ludwig III. hatten im Park von Schloss Leutstetten ein Blockhaus zum Spielen. Auf dem Bild schaut ihre Mutter Königin Marie Therese aus dem rechten Fenster. Im Türrahmen steht die Kinderfrau „Otti", ganz vorne sitzt Prinzessin Helmtrud („Helmi"), an der Hauswand Prinzessin Gundelinde („Gunzi"). (Die anderen Personen sind Besuch.)

👉 Den „Ludwigsgarten" gibt es noch heute, er befindet sich nordöstlich der Amalienburg im Schlosspark in Nymphenburg. Dort kannst du auch den Pavillon sehen. Ob wohl die Kegelbahn noch da ist?

👉 Im gesamten Nymphenburger Schlosspark gibt es viel Interessantes zu sehen, zum Beispiel die Parkburgen oder die Seen. Du kannst dort auf Entdeckungsreise gehen, wie es die Königskinder einst getan haben!

Musste eine Königsfamilie auch mal umziehen?

So wie es in deiner Familie vorkommen kann, dass ihr umziehen müsst, weil dein Vater oder deine Mutter eine Arbeit in einer anderen Stadt gefunden haben oder ihr mehr Platz braucht, so ähnlich war das auch in einer Königsfamilie. Der König hat natürlich normalerweise mit seiner Familie in der Residenz gewohnt. Aber es kam auch vor, dass eine ganze Königsfamilie ihr Zuhause plötzlich verlassen musste. In früherer Zeit herrschten in Europa noch öfter Kriege. Mal kämpfte Russland gegen Österreich und Frankreich, mal Frankreich gegen Österreich und Russland. Meistens ging es darum, mehr Land zu erobern. Auch die Bayern waren oft darin verwickelt, als Verbündete, mal von Frankreich, mal von Österreich.

König Ludwig I. musste als Kind andauernd umziehen. Bis er drei Jahre alt war, lebte er mit seiner Familie in Straßburg in Frankreich. Dann brach die Französische Revolution aus. Dabei erhob sich das französische Volk gegen den König, für Demokratie und Bürgerrechte. Die Adeligen mussten Frankreich verlassen, und Ludwig I. floh

Das Mannheimer Schloss, in dem der kleine Prinz Ludwig (I.) und seine Familie kurzzeitig Zuflucht fanden.

Napoleon reitet an der Spitze seines Heeres.

mit seiner Familie nach Darmstadt und Mannheim. Aber auch da kamen die Franzosen hin. Ludwigs Familie entkam mehrmals nur knapp dem Tod. Einmal wurde ihr Haus von 17 Granaten getroffen, ein anderes Mal schlugen am Weihnachtsabend, als Ludwigs Vater gerade die Christbaumkugeln an den Baum hängen wollte, andere Kugeln ein: Bomben. Eine schlug so knapp neben Ludwig ein, dass er die Kellertreppe hinunter geschleudert wurde. Sein Erzieher konnte ihn am Ende der Treppe gerade noch auffangen. Wie durch ein Wunder wurde niemand von ihnen verletzt. Sie mussten weiter fliehen und fanden erst nach langer Zeit eine neue Heimat in Mannheim.

Dann starb in München der Kurfürst, und Ludwigs Vater wurde sein Nachfolger. Deshalb musste die ganze Familie wieder umziehen, diesmal nach München. Dort gefiel es Ludwig gar nicht, er hatte furchtbar Heimweh. Aber auch von dort flohen sie schon ein Jahr später wieder vor Napoleon, der ganz Europa erobern wollte. Ein ganzes Jahr lang war die Familie, teilweise auch die Kinder alleine, auf der Flucht. Eines Nachts entkamen sie nur knapp: Max Joseph, der Vater von Ludwig, lag schon im Bett, als er plötzlich Pferdegetrappel hörte. Ein Überfall! Hundert österreichische Husaren unter Fürst Schwarzenberg umstellten seinen Pavillon. Im Auftrag seines Kaisers forderte der Fürst, dass die Bayern mit ihnen gegen Napoleon kämpfen sollten, sonst würden sie ihn und seine Familie gefangen nehmen. Aber die Franzosen drohten ihm ebenfalls mit Rache, wenn er sich nicht mit ihnen gegen Österreich verbünden würde. Also was tun? Ihm blieb nur eine Möglichkeit. Er tat so, als ob er sich mit Österreich verbünden würde, um Zeit zu gewinnen. Inzwischen wurde die Flucht in Schloss Nymphenburg vorbereitet. Mitten in der Nacht wurden die Kinder still und heimlich mit ihren Eltern in die Kutsche gesetzt. So entkam die Königsfamilie in letzter Sekunde. Als Fürst Schwarzenberg merkte, dass er getäuscht wurde, war es schon zu spät.

Ludwig war schon 19 Jahre alt, als endlich Frieden mit Napoleon geschlossen wurde, die französischen Truppen aus München abzogen, und die Familie wieder zurück „nach Hause" ins Schloss Nymphenburg konnte.

Wie viele Schlösser hatte eine Königsfamilie?

Eine königliche Familie lebte nicht nur in einem Schloss, sondern in mindestens zwei: Im Winter bewohnte man das Schloss in der Stadt, in München ist das die Residenz, und im Sommer bezog man mit dem ganzen Hofstaat ein Schloss auf dem Lande, das mehr im Grünen lag. Für die Wittelsbacher Herrscher war der Sommersitz hauptsächlich das

Schloss Nymphenburg war für viele Wittelsbacher der Sommerwohnsitz, manche Angehörige des Königshauses lebten dort aber auch ganzjährig.

Schloss Nymphenburg. Zu dieser Zeit lag Nymphenburg noch weit außerhalb der Stadt und war von Feldern und Wald umgeben.

Aber es gab noch zahlreiche andere Schlösser und Schlösschen, in denen die Königsfamilie und ihre vielen Verwandten wohnen und die Wochenenden oder die Sommerferien verbringen konnten: Schloss Schleißheim, Schloss Hohenschwangau, Schloss Berg, Schloss Neuschwanstein, Schloss Linderhof, Schloss Wildenwart, Tegernsee, Berchtesgaden und viele, viele mehr. Nicht alle waren so prunkvoll wie das Stadtschloss, manche Sommerresidenzen hatten eher die Größe einer herrschaftlichen Villa.

Schloss Hohenschwangau. Ursprünglich hieß die Burg „Schwanstein" - und der Löwenbrunnen, der im dortigen Garten steht, ist ein Werk von Ludwig Schwanthaler! Der Vater von Prinz Ludwig (II.), Max (I.), kaufte die Burg als Ruine und ließ sie so wieder aufbauen, wie sie heute noch steht.

Die Prinzen Ludwig (II.) und Otto verbrachten als Kinder im Sommer viel Zeit im Schloss Hohenschwangau, einer Ritterburg, die reich ausgestattet war mit Gemälden und Wandmalereien aus der altdeutschen Sage und - wie der Name schon vermuten lässt - mit Schwänen aller Art. Vor allem Ludwig liebte die Aufenthalte dort. Schwäne wurden seine Lieblingstiere, und die Bilder mit dem Helden Siegfried und dem Schwanenritter Lohengrin machten großen Eindruck auf ihn. Er liebte die Natur und die Berge. Mit neun Jahren schrieb er von dort an seine frühere Kinderfrau Sybilla Meilhaus: „Otto und ich sind gesund und vergnügt.

Wir machen täglich mit Graf La Rosée (das war ihr Erzieher) schöne Spaziergänge, pflücken Blumen, fangen im Alpsee Fische und jagen den

Schmetterlingen nach. Am Sonntage sahen wir die Fronleichnamsprozes-
sion in Füssen. Alle Tage habe ich meine Lernstunden wie in München."

Du siehst, ganz so frei war das Leben für einen Königssohn auch
in den Sommerferien nicht!

Auch in Berchtesgaden hielt sich die Familie oft auf. Aber daran
hatte Ludwig nicht so gute Erinnerungen: Als er zwölf Jahre alt war, spielte
er im Park der königlichen Villa mit seinem Bruder Otto, damals neun
Jahre alt. Die beiden Prinzen waren ohne Aufsicht, was bei Prinzen sehr
selten vorkam! Dummerweise kam aber zufällig ein Hofbeamter des Weges.
Er sah Prinz Otto an Händen und Füßen gefesselt auf dem Rasen liegen,
ein Knebel steckte ihm im Mund, und um den Hals hat-te er ein Sack-tuch geschlungen, an welchem der zwölfjährige Lud-wig heftig zerrte. Der Hofbeamte erschrak fürchter-lich und versuchte, den schwächlichen Prinzen Otto zu be-freien. Doch Ludwig widersetzte sich ihm und rief zornig: „Er ist mein Vasall und wagt es, ungehorsam zu sein – ich muss ihn hinrichten!" Der

Sisis Kindheitsparadies: Schloss Possenhofen am Starnberger
See. Der Abschied im Herbst fiel der herzoglichen Familie
jedes Jahr gleich schwer, und es wurden immer dicke Tränen
geweint, wenn es zurück nach München ging, um dort den
Winter zu verbringen.

Beamte schaffte es schließlich mit Gewalt, den armen Otto zu „retten".
Als ihr Vater König Max II. davon hörte, war er ebenso erschrocken wie
wütend und bestrafte den Kronprinzen Ludwig so hart, dass dieser für
alle Zeit eine heftige Abneigung gegen Berchtesgaden hatte und auch nie
wieder einen Fuß dorthin setzte.

Schloss Leutstetten in der Nähe des Starnberger Sees.

Ludwig und Otto besuchten auch sehr gerne ihre Cousinen und Cousins in deren Sommerwohnsitz Schloss Possenhofen am Starnberger See. Die Prinzen und Prinzessinnen Néné (Helene), Sisi (Elisabeth), Gackl (Carl Theodor), Spatz (Mathilde), Mapperl (Max Emanuel) und wie sie alle hießen, liebten ihr „Possi" ebenfalls. Für sie war es das reinste Paradies. Sie jagten durch die großen Gartenanlagen, kletterten auf die herrlichen alten Bäume, machten lange Ausritte mit ihren Pferden oder schleppten die zahlreichen Stallhasen, Katzen und Hunde, die jeder von ihnen besaß, durch die Gegend. Im See, der direkt an das Grundstück heranreichte, wurde geschwommen, gesegelt, gerudert und geplantscht oder im Winter Schlittschuh gelaufen. Sisi konnte sogar Pirouetten drehen. Und manchmal ließ sich auch ihre Mutter Ludovica (die Schwester von König Ludwig I.) von ihnen mit dem Schlitten über den See oder die verschneiten Wiesen ziehen. Die Naturverbundenheit, die die Prinzen und Prinzessinnen in Possenhofen erlebten, blieb ihnen ein Leben lang erhalten. So nahm Sisi, als sie schon Kaiserin von Österreich war, immer zwei Kühe mit auf Reisen, um jederzeit ein oder zwei frische Gläser Milch trinken zu können.

Die Familie von Prinzregent Luitpold und seiner Frau Augusta Ferdinande verbrachte die Sommerferien in ihrer Villa Amsee am Bodensee. Dieses Schloss hatten sie gekauft, weil Augusta lungenkrank war und ihr das Klima dort gut tat. Ihre Kinder, die Prinzen Ludwig (III.), Leopold, Arnulf und Prinzessin Therese liebten die Zeit dort sehr. Sie wurden hervorragende Schwimmer, weil der Bodensee so „schweres" Wasser hat, das schlecht trägt. Wer in diesem Wasser schwimmen lernt, dem fällt es in jedem anderen Wasser leicht. Das behauptete jedenfalls Prinz Leopold.

Die elf Kinder von König Ludwig III. mit den Namen Rupprecht, Adelgunde, Marie Ludwiga, Karl Maria Luitpold, Franz Maria Luitpold, Mathilde Maria Therese, Wolfgang, Hildegard, Wiltrud, Helmtrud und Gundelinde verbrachten die meiste Zeit auf dem Landgut Leutstetten am Starnberger See. Eigentlich lebten diese Prinzen und Prinzessinnen mehr wie Bauernkinder als Königskinder. Das Schloss wurde auch bald zu klein für die vielen Kinder, so dass ihr Vater die Bauernhäuschen rund um das Schloss kaufte. Dort wohnten dann die Kinder mit ihrer jeweiligen Kinderfrau. So kam es, dass die kleinen Prinzen und Prinzessinnen zum Frühstück immer ein paar Minuten bis zum Schloss laufen mussten. Auf dem Gut gab es Kühe, Hasen, einen Truthahn, ein Murmeltier, Meerschweinchen, Schweine, Hühner, Pferde und den Esel Bazelli. Den besuchten die Kinder immer als Erstes, wenn sie jedes Jahr im Frühling von München nach Leutstetten umsiedelten. Die kleinen Prinzessinnen Wiltrud und Helmtrud machten dort jeden Tag mit ihrer Kinderfrau Spaziergänge in den Garten, besuchten und fütterten die Tiere, ernteten das Gemüse und machten Ausflüge mit der Bahn oder der Kutsche in die ländliche Umgebung.

Die Prinzessinnen Wiltrud und Helmtrud mit ihrem Esel Bazelli.

Besuch doch einmal das Schloss Hohenschwangau! Es liegt direkt gegenüber von Schloss Neuschwanstein bei Füssen. Du bist davon bestimmt genauso begeistert wie Ludwig II.! Und Schulaufgaben musst du dort sicher nicht machen!

Heute kannst du in der Schlossgaststätte neben dem Gut Leutstetten etwas essen und trinken. Vielleicht begegnet dir ja die Enkelin von Ludwig III., Prinzessin Irmingard, die heute noch dort lebt!

Waren die Prinzessinnen wirklich so wunderschön?

Prinzen und Prinzessinnen waren natürlich auch nur ganz normale Menschen, also gab es hübsche, sehr schöne, weniger schöne und hässliche. Es gab aber tatsächlich auch wunderschöne Prinzen und Prinzessinnen. Musterbeispiele dafür sind König Ludwig II. und Kaiserin Elisabeth von Österreich, die beide außergewöhnlich gut aussahen und zudem noch sehr groß waren. Schon als Prinzen waren Ludwig II. und sein jüngerer Bruder Otto ausgesprochen hübsche Kinder und die Lieblinge des Volkes. Ludwig hatte dunkles Haar und braune Augen, Otto war blond und zart. Ihre Mutter, die junge Königin Marie, zeigte sich gern mit ihren Söhnen beim Spazierengehen in den Straßen Münchens oder beim Schwäne füttern.

Ludwig wuchs zu einem wahren Märchenprinzen heran, er wurde 1,90 Meter groß. Damit überragte er – früher waren die Menschen insgesamt kleiner als heute – fast alle anderen Menschen in seiner Umgebung. Als er mit nur 18 Jahren König von Bayern wurde, flogen diesem schönen jungen König die Herzen seiner Untertanen nur so zu. Allerdings scheint sein Gang ganz speziell gewesen zu sein: der Kronprinz hatte schon damals denselben auffälligen Gang wie sein Opa, König Ludwig I., der immer mit seinen Knien das Kinn berühren zu wollen schien, wodurch ein förmliches Übereinanderwerfen der Beine entstand. Je älter Ludwig wurde, desto übertriebener und künstlicher wurde sein Gang. „Weitausschreitend warf er seine langen Beine von sich, als ob er sie von sich schleudern wol-

le, und trat dann mit dem Vorderfuß auf, als wolle er mit jedem Tritt einen Skorpion zermalmen. Dabei streckte er den Kopf ruckweise seitwärts und senkte ihn dann automatenhaft auf die niedere Erde herab." So beschreibt ihn ein Zeitgenosse, Gottfried von Böhm.

Prinzessin Sisi war als Kind und als Jugendliche dem Aussehen nach eher ein braungebranntes Bauernmädel als eine echte vornehme Prinzessin. Aber als sie mit nur 16 Jahren den Kaiser von Österreich heiratete, wurde aus ihr eine von allen bewunderte Schönheit. Sie hatte

Königin Marie mit ihren beiden hübschen Prinzen 1850 beim Schwänefüttern – Otto war zwei und Ludwig (II.) fünf Jahre alt.

lange glänzende Haare bis zu den Knien, eine sehr schlanke Taille und ein schönes, ebenmäßiges Gesicht. Mit ihren rehbraunen Augen und ihrer ganz besonderen Ausstrahlung schien sie eine faszinierende Anziehungskraft auf ihre Umgebung ausgeübt zu haben. Kaiserin Elisabeth tat aber auch

viel dafür, so schön und schlank zu bleiben. Sie trieb viel Sport (auf einem Berg, dem Jainzen in Bad Ischl, ließ sie sogar diverse Turngeräte aufstellen, um dort zu trainieren), aß wenig und ließ sich jeden Tag von ihrer eigenen Friseurin stundenlang ihr Haar kämmen und zu kunstvollen Frisuren hochstecken. Außerdem gehörten ein schwedischer Masseur und eine handfeste Abreiberin zu ihrem Dienstpersonal. Sie war sich ihrer Wirkung auf andere sehr bewusst und hatte große Angst davor, ihre Schönheit mit dem Alter zu verlieren. Als sie 40 Jahre alt wurde, durfte sie niemand mehr fotografieren oder malen. Deshalb gibt es von Kaiserin Elisabeth ab

Der 18-jährige Kronprinz Ludwig (II.) im Georgirittergewand. Die Locken ließ er sich jeden Tag von seinem Friseur kunstvoll hinlegen, denn eigentlich hatte er glatte Haare, wie man auf den Bildern sehen kann, wo er jünger ist.

diesem Zeitpunkt keine Bilder mehr. Leider, denn sie sah wohl immer noch sehr gut aus. Eine Hofdame beschreibt eine Begegnung mit Sisi: „Zuerst kam schnell und elastisch die Kaiserin die Treppe herauf. Ich war frappiert über diesen Anblick, so jung, so schön, so elastisch, so rosig schien sie mir, trotz ihrer einundfünfzig Jahre."

Ludwig II. und Sisi kannten sich schon, seit sie kleine Kinder waren, denn sie waren miteinander verwandt (sein Opa und ihre Mutter waren Halbgeschwister). Sie besuchten sich gegenseitig entweder bei Sisis Familie auf Schloss Possenhofen am Starnberger See oder bei Ludwigs Familie in der Münchner Residenz. Er war acht Jahre jünger als sie, deshalb werden sie vielleicht nicht so viel miteinander gespielt haben, obwohl sie sich oft gesehen haben. Aber später, als er König von Bayern und sie Kaiserin von Österreich war, verehrten sie sich sehr und schrieben sich gefühlvolle Briefe. Sie waren beide ganz außergewöhnlich gute Reiter und ritten, wann immer sich die Gelegenheit dazu ergab, zusammen aus. Sie sahen sicher toll nebeneinander aus, wenn sie stolz und anmutig auf ihren edlen Pferden durch die Landschaft galoppierten! Ludwig war eine Zeit lang mit Sisis jüngerer Schwester Sophie verlobt. Aber er liebte sie nicht so sehr, wie er sich das

Prinzessin Elisabeth als junge Kaiserin.

wünschte, deshalb sagte er die Hochzeit kurzfristig ab.

Marie Gabrielle, eine Tochter von Sisis Lieblingsbruder Carl Theodor, war auch eine ganz besonders anmutige Prinzessin. Nicht so temperamentvoll wie ihre Tante Sisi, sondern eher zart und sanft. Sie war so schön, dass alle Menschen von ihr verzaubert waren. „Ah, qu'elle est belle!" (französisch: „Oh, wie schön sie ist!") riefen die Leute angeblich, wenn sie Marie Gabrielle sahen. Auch der älteste Sohn des letzten Königs von Bayern, Ludwigs III., verliebte sich so sehr in sie, dass er sie unbedingt heiraten wollte, obwohl sie nicht standesgemäß für ihn war. Es benötigte lange und viel Überredungskunst, bis sein Vater und sein Großvater die Hochzeit erlaubten.

Zwei Portraits von Sisi, die im Arbeitszimmer ihres Mannes, Kaiser Franz Joseph, hingen.

Gemalt wurden sie von Franz Xaver Winterhalter. Man sieht Sisis wunder-
schönes Haar, auf das sie sehr stolz war.

Sisi als stolze Reiterin.   Ludwig II. auf dem Pferd.

 In Bad Ischl kannst du der sportlichen Sisi ganz nahe kommen: Das Parkbad befindet sich an der Stelle, an der einst Kaiserin Sisis privates Schwimmbad war!

Auch eine Wanderung auf den Jainzen bringt dich auf Sisis Pfade: Die Wanderung beginnt am Parkplatz des Kaiserparks. Der Eintritt ist in den Wintermonaten frei, und so wandert man durch die herrliche Parklandschaft vorbei an der Kaiservilla (in der heute noch die Nachfahren von Sisi leben) hinauf zum Marmorschlössl und weiter zu einem Pavillon. Nicht weit dahinter durch einen Durchschlupf im Zaun führt ein Weg hinauf zum markierten Steig auf den Jainzen, von dem aus sich ein wunderschöner Panoramablick ergibt!

Oben links: Prinzessin Marie Gabrielle.
Oben rechts: Prinz Rudolf.
Unten links: Prinz Luitpold.
Unten rechts: Prinzessin Isabella.

Prinzessin Ludovica und ihre älteren Zwillingsschwestern Sophie und Marie. Dieses Gemälde war der erste Auftrag des berühmten Hofmalers Ludwig Stieler am Münchner Hof. Das war 1812, Ludovica war vier, ihre Schwestern sieben Jahre alt.

Wie waren die Prinzen und Prinzessinnen angezogen?

Die kleinen Prinzen und Prinzessinnen trugen nur zu besonderen Anlässen die richtig wertvollen Festtagskleider. Aber auch an den ganz normalen Tagen waren sie immer gut gekleidet, entsprechend der Mode der Zeit. Die kleinen Kinder, Mädchen wie Jungen (!), trugen bis zum sechsten Lebensjahr lose fallende Kleider.

Prinz Ludwig (II.) mit zwei Jahren.

Mit ungefähr sechs Jahren wurden sie wie Erwachsene gekleidet, was, je nach Mode, mehr oder weniger unbequem und nicht sehr geeignet zum Spielen war. Diese Kleider kaufte die königliche Familie nicht im Geschäft. Alles wurde nach Maß angefertigt, und das Probieren der Kleider machte anscheinend keinen großen Spaß. Die Kinder von Ludwig III., allen voran die Prinzessinnen Helmtrud und Wiltrud, dichteten eines Tages beim Schaukeln folgenden Vers:

Probieren ist langweilig
I' kans ja nit leiden
Mögt doch der liebe Herrgott
Uns mit Federn bekleiden
Prinzeß Mathilde setze bei!
dies schaug'n und messen
Obs z'eng oder z'weit
dies ist mir so z'wider
Ich brauch kein Kleid.

(aus dem Tagebuch der Kinderfrau, Nachlass Prinzessin Wiltrud)

König Ludwig III. war sehr sparsam, deshalb kam es gerade bei Wiltrud und Helmtrud auch durchaus vor, dass sie die Kleider der älteren Schwestern auftragen mussten, was vor allem Wiltrud gar nicht gefiel. Prinz Leopold musste immer einen Drillichanzug (das ist eine Art Uniform aus festem Stoff) tragen, der nicht nur unbequem war, sondern, in dem es ihn „im Winter meist recht unangenehm fror".

Die beiden Prinzen Otto und Ludwig (II.) trugen mit neun bzw. zwölf Jahren noch ganz kurze Wämser, wie sie damals noch in einigen Landgemeinden getragen wurden. Eine Tracht, „die dem schlank und schmächtig aufgeschossenen Kronprinzen äußerst schlecht stand", wie ein Zeitgenosse damals urteilte.

Die Prinzessinen Wiltrud und Helmtrud.

Die Prinzessinnen durften damals nur Kleider tragen. Hosen waren ihnen nicht erlaubt. In den langen Kleidern konnte man sich aber nicht so gut bewegen. Das fand auch Königin Marie (die Mutter von Ludwig II. und Otto), die sowohl eine leidenschaftliche als auch die erste Bergsteigerin Bayerns war. Sie ließ sich extra Hosen nähen, die sie unter dem Rock tragen konnte. Aber sie war eine Kö-

Die Prinzessin Isabella und ihre Schwester Elvira.

nigin und setzte sich über die Etikette hinweg. Das war bei einer kleinen Prinzessin natürlich etwas ganz anderes.

Als Prinzessin Wiltrud fast sieben Jahre alt war, gab es einmal eine große Aufregung wegen der Kleidervorschriften. Um zu spielen und sich ungehindert bewegen zu können, wollte sie die Turnhose ihrer eineinhalb Jahre jüngeren Schwester Helmi anziehen. Es wurde ihr aber verboten, weil sie schon zu groß war, um in Hosen herumzulaufen. Da wurde Trudi sehr wütend. Sie schmiss sich auf den Boden und weinte und schrie: „Ich werde auch als Mädel ungezogene Bewegungen machen. Ich will kein Mädel sein und wenn ich keine Hose bekomme, dann zerschneide ich alle meine Kleider, dann müsst ihr mir eine Hose aus der alten Decke nähen!..." Ihre Kinderfrau Otti richtete ein Spiel her, um sie abzulenken, aber Trudi weinte weiter, und auch als sie sich endlich beruhigt hatte, fand sie es trotzdem nach wie vor ungerecht ein Mädchen zu sein, das keine Hosen anziehen durfte.

Linke Seite, oben links: Prinz Max (II.) als Knabe mit etwa neun Jahren (ca. 1820).

Oben rechts: Die beiden jüngsten Kinder von König Ludwig I., Prinzessin Alexandra mit ihrem Bruder Prinz Adalbert. (Aquarell von 1829/30, er ist zwei, sie vier Jahre alt.)

Unten links: Prinzessin Gundelinde.

Unten rechts: Prinzessin Clara.

Rechte Seite, oben links: die Prinzen Albrecht und Luitpold.

Oben rechts: Kronprinz Ludwig (II.) mit seinem Bruder Otto.

Unten links: Prinzessin Therese, die Schwester von Leopold, Ludwig (III.) und Arnulf. Sie wurde als Erwachsene Wissenschaftlerin!

Wie kam ein Königskind auf die Welt?

Um ein Kind auf die Welt zu bringen, ging damals niemand in ein Krankenhaus. Kinder bekamen die Frauen zu Hause – und das war im Falle einer Königin natürlich im Schloss. Sobald die Wehen einsetzten, wurden alle möglichen Leute gerufen, um die Geburt des neuen Königskindes mitzuerleben. Das waren der Leibarzt der Königin, der Ehemann, die Eltern der Königin und des Königs und manchmal noch mehr Verwandte und andere adelige Bedienstete. Außerdem musste der Minister des königlichen Hauses bei jeder Geburt dabei sein und das Kind genau anschauen, solange es noch an der Nabelschnur hing. Damit wollte man verhindern, dass das Neugeborene nachträglich vertauscht wird, falls der ersehnte Thronerbe krank oder „nur" ein Mädchen sein sollte. Es standen also eine Menge Leute um die Königin herum und schauten bei der Geburt zu. Das war sicher nicht sehr angenehm für sie! Aber eine Geburt im Königshaus war damals eine sehr wichtige Angelegenheit, die alle betraf, denn ein Thronfolger sicherte den Fortbestand der Dynastie, das heißt, dass die Familie weiterregieren konnte. Deshalb waren auch alle besonders froh, wenn

Der erstgeborene Sohn Prinz Ferdinand Maria wird von seinen Eltern, der spanischen Infantin Maria de la Paz (sie war eine Tochter der spanischen Königin Isabella II.) und Prinz Ludwig Ferdinand, befächelt und auf Rosen gebettet. (Damals sicher nur fürs Foto!)

ein Junge geboren wurde, denn in Bayern (wie in den meisten Königshäusern) durfte nur ein Junge dem Vater auf den Thron folgen. Dann wurden 101 Kanonenschüsse, egal zu welcher Tages- oder Nachtzeit, abgefeuert, um dem ganzen Volk die freudige Botschaft zu verkünden. Für ein Mädchen gab es nur 100 Kanonenschüsse. Daran kannst du sehen, dass ein Mädchen nicht so viel wert war wie ein Junge, die Freude war aber trotzdem meistens groß.

In der Wiege liegt das „Glückskind", Prinzessin Elisabeth. Daneben siehst du ihre ältere Schwester Helene, ihre Mutter Prinzessin Ludovica und den erstgeborenen Ludwig.

Die kleine Prinzessin Elisabeth wurde am Weihnachtsabend 1837 im Herzog-Max-Palais, dem Wohnhaus ihrer Eltern, Herzog Max und Prinzessin Ludovica, in München geboren. Sie galt von ihrer ersten Lebensstunde an als besonderes Glückskind. Es war nicht nur Weihnachten, sondern auch noch ein Sonntag, und sie hatte schon bei der Geburt den ersten Zahn im Mund, was als besonderes Glückszeichen gedeutet wurde! Und tatsächlich verbrachte Sisi, so ihr Spitzname, eine für damalige Verhältnisse ungewöhnlich schöne Kindheit im Kreise ihrer vielen Geschwister und liebevollen Eltern. Sie heiratete den Kaiser von Österreich und wurde die berühmte schöne Kaiserin Elisabeth.

Gar nicht freuten sich die Prinzessinnen Helmi und Trudi, als ihr letztes Geschwisterchen, das 13. Kind, wieder ein Mädchen wurde. Die fünfjährige Trudi weinte: „Wir wollten doch einen Buben, wieso hat der Storch nicht gefolgt?" Aber als sie die erste Enttäuschung überwunden hatten, sangen und sprangen sie schaukelnd in der Hängematte: „Storch, Storch, du bester, ich danke dir für die Schwester." Den ganzen Tag redeten sie von der neuen Schwester, und am Abend im Bett beteten sie

In diesem Zimmer, dem Grünen Salon in Schloss
Nymphenburg, wurde Ludwig II. geboren.

für die kleine Prinzessin Gun-
delinde. Besuchen konnten die
Geschwister sie erst ein paar
Tage später, denn die Mutter
hatte das Mädchen im Schloss
Nymphenburg in München zur
Welt gebracht, während die an-
deren zwölf Geschwister im Gut
Leutstetten am Starnberger See
geblieben waren.

Im Grünen Salon von
Schloss Nymphenburg lag am
24. August 1845 die Kron-
prinzessin Marie in den Wehen.
Ihr Mann Kronprinz Maximilian, sein Vater König Ludwig I. und seine
Mutter Königin Therese blieben die ganze Zeit am Bett von Marie, die
große Schmerzen hatte, und litten mit ihr. Trotzdem hoffte Ludwig I., dass
die Geburt noch ein bisschen dauern möge. Warum nur? Ganz einfach,
denn am nächsten Tag hatte er selbst Geburtstag. „Es wäre doch schön,
wenn mein Enkelkind am selben Tag auf die Welt käme wie ich!", fand
er. Und tatsächlich, sein Wunsch sollte in Erfüllung gehen. Kurz nach
Mitternacht erblickte das Baby das Licht der Welt, es war der 25. August - und es war ein Junge! Ludwig I. und sein Enkel wurden so am
selben Tag und sogar fast um die gleiche Uhrzeit geboren. Durch 101
Kanonenschüsse erfuhren die Münchner von dem freudigen Ereignis.

Für den nächsten Tag wurde Schloss Nymphenburg festlich geschmückt und beleuchtet. Im Steinernen Saal wurde das Kind auf den
Namen Otto Friedrich Wilhelm Ludwig getauft. Taufpaten waren zwei
Onkel des Babys: König Friedrich Wilhelm IV. von Preußen und König Otto von Griechenland, der aber nicht kommen konnte. An seiner
Statt trug der Großvater Ludwig I. den Täufling stolz auf dem Arm.
Allerdings war er ganz und gar nicht mit dem Namen Otto einverstan-
den! Schließlich war der 25. August nicht nur ihrer beider Geburtstag,
sondern außerdem noch der Namenstag des heiligen Ludwig. Da wäre es
doch nur natürlich, dem Kind den Namen Ludwig zu geben! Und tat-

sächlich gelang es ihm ein paar Tage später, die Eltern zu überzeugen. Der kleine Otto wurde von nun an Ludwig genannt, aus ihm wurde der berühmte Märchenkönig Ludwig II. (Als drei Jahre später sein Bruder geboren wurde, bekam der dann endlich den Namen Otto.)

Die Taufe fand immer so schnell wie möglich statt und war bei einer neugeborenen Prinzessin oder einem Prinzen, erst recht bei einem Thronfolger, natürlich besonders feierlich. Die Räume wurden festlich geschmückt, und die Gäste zogen ihre besten Kleider an. Die Königinnen und Prinzessinnen trugen festliche Gewänder mit Schleppen, die von Hofdamen und Dienern getragen wurden. Vorgenommen wurde die Taufe vom höchsten Geistlichen der Stadt, zum Beispiel dem Erzbischof, assistiert von zahlreichen anderen Priestern und Würdenträgern. Taufpaten waren oft Könige und Königinnen aus anderen Ländern, meistens hatte ein Königskind gleich mehrere, entsprechend der großen Anzahl seiner Namen. Max I. Joseph war erst sieben Stunden alt, als er getauft wurde. Er bekam die Namen: Maximilian Maria Michael Johann Evangelist Franz von Paula Joseph Kaspar Ignatius Johann Nepomuk. Die Taufe fand nicht in der Kirche statt, sondern in einem Saal im Schloss zu Mannheim. Es war noch die Zeit des Rokoko (27. Mai 1756), das heißt die Damen hatten gepuderte Haare, riesige Reifröcke an und waren nach Hofvorschrift geschminkt, die Männer trugen weiße Perücken.

☞ Den Grünen Salon in Schloss Nymphenburg kannst du heute noch besichtigen. Wie ist es wohl, in dem Raum zu sein, in dem ein bayerischer König seinen ersten Schrei von sich gab?

Das ist Prinz Ludwig, ehemals Otto, als Baby. Seine Namen kennst du ja jetzt. Welche Namen würdest du dir selber geben, wärest du ein Königskind?

Und wenn sie nicht gestorben sind...

Früher bekam eine Frau, eine arme Arbeiterin genauso wie eine reiche Königin, oft viele Kinder. Fünf, acht oder zwölf Geschwister zu haben, das war ganz normal. Aber es kam leider viel häufiger vor als heute, dass Kinder kurz nach der Geburt oder im Kindesalter starben. Man kann fast sagen, dass es kaum eine Familie gab, bei der alle Kinder überlebten. Die Ärzte wussten damals noch nicht so viel über Krankheiten wie heute,

Das Grabmal von Prinzessin Maximiliane, der geliebten „Ni", findest du in der Münchner Theatinerkirche, direkt gegenüber von der Residenz, in der sie gelebt hat. Darauf steht „Innig geliebt und heiß beweint von Eltern und Geschwistern".

und es gab auch nicht so gute Medikamente und Behandlungsmöglichkeiten. Aber nur weil der Tod nichts Ungewöhnliches in einer Familie war, heißt das nicht, dass die Menschen weniger traurig darüber gewesen wären.

Zu Kurfürstin Carolines 23. Geburtstag kamen ihre Eltern und ihre Schwester, die russische Großfürstin Elisabeth, nach München zu Besuch und blieben drei Monate zu Gast. Sie alle wollten dabei sein, wenn Caroline ihr erstes Kind zu Welt bringen würde. Der Termin für die Geburt war schon längst überschritten, und alle hatten große Angst, dass Caroline sterben könnte. Ganz München betete um das Leben der Kurfürstin. Am 5. September war es endlich so weit, das Kind kam auf die Welt. Aber wie groß war der Schock, als man feststellen musste, dass der kleine Bub tot geboren war. Der Schmerz war unendlich in der kurfürstlichen Familie. Caroline trug ihr Leben lang ein Medaillon mit den Haaren dieses ersten Kindes bei sich. Auch der zweite Sohn, Maximilian,

wurde nur drei Jahre alt. Er
starb wahrscheinlich an Gehirnhautentzündung.

Das letztgeborene
Mädchen starb mit zehn
Jahren. Maximiliane Jose-
pha Caroline wurde am 21.
Juli 1810 als sechste und
jüngste Tochter von König
Max I. und Königin Caroline in Schloss Nymphenburg
geboren. Obwohl die Mut-
ter lieber einen Sohn gehabt
hätte, wurde gerade „Ni",
das war der Kosename der
kleinen Prinzessin, von der
ganzen Familie besonders
geliebt. Vor allem von ihrer
Mutter, sie nannte sie „das
liebste Kind meines Her-
zens", und das kleine Mädchen war auch fast ständig in
ihrer Nähe.

Doch dann geschah ein
furchtbares Unglück, das die

Prinzessin Maximiliane als Heilige Innocentia dargestellt. Das Bild wurde 1818 gemalt, da war sie
acht Jahre alt – und niemand ahnte, dass sie nicht
einmal drei Jahre später sterben sollte.

ganze Familie sehr traf. Eines Abends Ende Januar kam die zehnjährige Ni
nach einer Theateraufführung erkältet nach Hause. Aus dieser Erkältung
wurde ein „Schleimfieber", und Nis Zustand verschlimmerte sich so schnell,
dass sie ein paar Tage später, am 4. Februar, starb. Während der zehn Tage
ihrer Krankheit wich ihre Mutter nicht vom Bett der kleinen geliebten
Prinzessin. Als die Todesstunde kam, hielt die Königin „das sterbende Kind
von vier Uhr nachmittags bis zehn Uhr abends ... neben dem Bett stehend
in ihren Armen." Man musste sie fast wegtragen, so erschöpft und von
Schmerz erfüllt war die Königin, nachdem ihre liebste Tochter die Augen
für immer geschlossen hatte. Der König begann am ganzen Körper so zu

Prinz Maximilian auf dem Totenbett, 1803. Mit nicht ganz drei Jahren musste er sterben. Damals wurde meistens ein „Totenbild" von dem gerade Gestorbenen angefertigt.

zittern, dass sich alle große Sorgen um ihn machten. Erst als sich sein Sohn, Prinz Karl, schreiend vor ihn warf, kam er wieder zu sich und brach in Tränen aus. Die Königin war am nächsten Morgen kaum mehr zu erkennen, so bleich war sie, und ihr Blick wirkte erstarrt. Am Totenbett ihres Töchterchens warf sie sich auf die Erde, schrie auf und betete laut für die Ruhe der Seele dieses armen Kindes. Aber auch der König war unendlich traurig. Vor fremden Leuten nahm er sich zusammen, aber vor seiner Frau und den Kindern weinte er oft bitterlich. Auf Wunsch der Königin fertigte der Hofmaler drei Zeichnungen von der toten kleinen Prinzessin zur Erinnerung an - Fotos gab es damals noch nicht -, außerdem malte er das Bild „Caroline Prinzessin von Bayern in der Verklärung". Der König ahnte damals, dass seine Frau ihr ganzes Leben lang wegen dieses Verlustes unglücklich sein würde. Und so war es auch. Nachdem auch er starb, trug Königin Caroline alle Totenbilder - die von

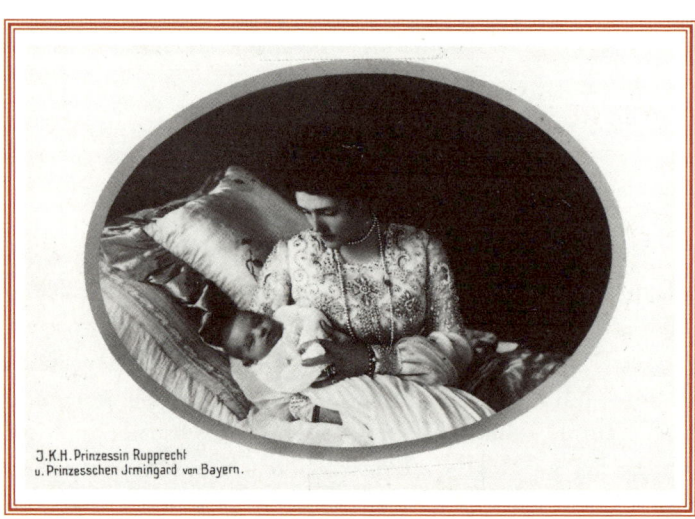

J.K.H. Prinzessin Rupprecht u. Prinzesschen Jrmingard von Bayern.

Prinzessin Marie Gabrielle mit ihrem zweiten Kind, der kleinen Prinzessin Irmingard. Sie wurde nur ein Jahr alt.

ihrer kleinen Toch-
ter, das von dem bei
der Geburt gestor-
benen ersten Kin-
des, das von dem
dreijährigen Sohn
Maximilian und
das ihres Mannes
zusammen und ge-
staltete in Schloss
Tegernsee, wo sie
von da an wohnte,
ein „Totenkabinett".
        Ganz
schlimm traf es in
dieser Beziehung

Das waren noch glückliche Zeiten: Prinzessin Marie Gabrielle
mit ihren Kindern Luitpold, Albrecht und Rudolf.

die Familie von Kronprinz Rupprecht, dem ältesten Sohn von König
Ludwig III. Er heiratete die seinerzeit schönste Prinzessin in Bayern:
Marie Gabrielle. Alles war wie im Märchen. Sie war eine wunderschöne
Prinzessin, die eine wohlbehütete Kindheit am Tegernsee verbracht hatte.
Sie liebte Blumen und die Berge, war sehr sportlich, aber auch sehr sanft,
freigiebig, großherzig und bescheiden. Sie verliebten sich ineinander und
feierten eine glänzende Hochzeit. Als am 8. Mai 1901 das erste Kind,
Prinz Luitpold, geboren wurde, war das Glück perfekt. Ihr Kindheits-
traum, eine Mama zu sein, war in Erfüllung gegangen. Sie bekam noch
vier weitere Kinder, aber nur Albrecht, der Drittgeborene, überlebte seine
Kindheit. Prinz Albrecht wurde 1905 geboren. Als Albrecht ein halbes
Jahr alt war, brachte seine Mutter ein totes Mädchen zu früh auf die
Welt und starb selbst fast daran, weil sie dabei so viel Blut verlor. Seine
Schwester Irmingard starb an Diphtherie mit nur einem Jahr, noch bevor
Albrecht auf der Welt war. Sein niedlicher Bruder Rudolf wurde nur drei
Jahre alt, er war von Geburt an zuckerkrank, was man damals noch nicht
behandeln konnte. Und dann starb auch noch seine Mutter Marie Gabri-
elle mit 34 Jahren, da war Albrecht erst sieben Jahre alt. Zwei Jahre
später starb schließlich sein einziger noch lebender Bruder, der 13-jährige

Luitpold, man vermutet an Kinderlähmung. Albrecht hatte also bereits mit neun Jahren seine drei Geschwister und seine Mutter verloren und war mit seinem Vater alleine. Sein Vater heiratete sieben Jahre später wieder und bekam mit dieser Frau weitere sechs Kinder, von denen fünf ein hohes Alter erreicht haben! Albrecht selbst starb auch erst 1996 mit 91 Jahren. Sein Sohn, Herzog Franz von Bayern, ist heute das Familienoberhaupt der Wittelsbacher.

Nicht nur Kinder starben häufiger als heute. Auch die Eltern starben oft noch sehr jung. Deshalb hatten tatsächlich einige Prinzen und Prinzessinnen Stiefmütter, wenn der Vater wieder heiratete. Aber die waren selten so böse wie im Märchen! Die Mutter von Ludwig I. starb an Schwindsucht, als er neun Jahre alt war, sie selbst war erst 30 Jahre jung. Ihr Tod traf den kleinen Ludwig tief, und sein ganzes Leben lang dachte er an ihrem Todestag am 30. März an sie und widmete ihr viele seiner Gedichte. Bald darauf verliebte sich Ludwigs Vater unsterblich in die erst 20 Jahre alte Caroline von Baden und heiratete sie genau ein Jahr nach dem Tod von Ludwigs Mutter. Ludwig und seine vier jüngeren Geschwister bekamen mit ihr eine sehr nette junge Stiefmutter, die nur zehn Jahre älter war als Ludwig. Sie

Ein paar Jahre später lebten nur noch Albrecht und sein Vater Kronprinz Rupprecht.

kümmerte sich liebevoll um die fünf Kinder ihres Mannes und bekam später selbst noch acht weitere mit ihm. Ludwig hatte trotzdem immer das Gefühl, dass Caroline ihre eigenen Kinder besser behandelte. Das stimmte aber nicht. Eher war Ludwig besonders sensibel und empfindlich und hing wahrscheinlich so sehr an seiner toten Mutter, dass er Caroline nur schwer als neue Mutter annehmen konnte. Später sagte er selbst zu seiner Schwester Charlotte, dass sie keine bessere Stiefmutter hätten haben können. Und als Erwachsener bedankte er sich in den Briefen an Caroline immer wieder für all die Liebe und Zuwendung, die er von ihr erhalten hatte.

Sein damals erst zweijähriger Bruder Karl schloss Caroline schnell ins Herz. Er wurde sogar ein Lieblingskind von Caroline, obwohl er „nur" ihr Stiefsohn war. Er war zum Beispiel das einzige Kind, das später seine große Liebe, eine nicht standesgemäße Frau heiraten durfte. Das war damals außergewöhnlich großzügig von den Eltern. Nachdem König Max I. gestorben war, besuchte Karl Caroline fast jeden Tag. Als sie dann starb, bedachte sie ihn reich, ihm vererbte sie das Schloss Tegernsee, Kreuth, Kaltenbrunn und das Gut in der Au.

☛ Das „Totenkabinett" in Schloss Tegernsee gibt es leider nicht mehr. Schloss Tegernsee, welches übrigens direkt am Tegernsee liegt und ursprünglich ein Kloster war, ist aber trotzdem einen Besuch wert! Das dortige „Herzogliche Bräustüberl Tegernsee" wird von der Wittelsbacher Familie betrieben.

Auch Königskinder werden krank

Eine der gefährlichsten Krankheiten damals waren die Blattern. An ihr starben tausende Menschen, ob reich, ob arm, ob Könige, Prinzessinnen, Bauernsöhne oder Arzttöchter. Die Pocken, wie man Blattern heute nennt, waren eine Infektionskrankheit - ähnlich wie Windpocken, nur viel schlimmer -, die den ganzen Körper mit scheußlichen Pusteln übersäte. Meistens endete die Krankheit tödlich, und die wenigen, die die Krankheit überlebten, waren für den Rest ihres Lebens mit hässlichen

Auf diesem Portrait – da ist sie schon Kaiserin von Österreich – sieht man nichts von Charlottes Pockennarben. Entweder waren sie gar nicht so schlimm, wie sie selber fand, oder sie wurde schöner gemalt, als sie in Wirklichkeit war. Das tat man damals oft.

Narben von den Pusteln gezeichnet. Prinzessin Charlotte, eine Schwester von Ludwig I., erkrankte mit zwei Jahren an Blattern. Sie hatte großes Glück und überlebte diese grausame Krankheit. Zurück blieben aber hässliche entstellende Narben, unter denen Charlotte sehr litt.

Auch Prinzessin Amélie (die älteste Tochter von Herzog Carl Theodor) litt unter den Folgen einer Krankheit. Bis sie sechs Jahre alt war, war sie ein schönes, gesundes Kind, auf das man stolz war, und das man gerne herzeigte. Dann bekam sie Skrofulose (Halsdrüsengeschwulst), eine heute seltene Krankheit, die hauptsächlich kleine Kinder bekamen, und die unschöne Schwellungen und Entzündungen im Gesicht zur Folge hatte. Wenn jetzt Gäste kamen, zog man sie schön an, sagte ihr, sie solle still sitzen und sich nicht dreckig machen, aber man rief sie nicht mehr, um sie stolz vorzuzeigen wie früher. Das war für die kleine Prinzessin natürlich sehr schmerzlich. Noch dazu hatte sie drei jüngere Halbschwestern, die allesamt sehr hübsch waren (unter anderem die sehr schöne Marie Gabrielle). Amélie wurde ein schüchternes, zurückhaltendes Mädchen. Als sie 22 Jahre alt war, sprach sie oft davon, dass sie niemals einen Mann finden würde. Dabei war sie eine große, vornehme und sehr charmante Erscheinung, die noch dazu sehr gebildet war, ausgezeichnet Klavier spielte und sehr liebenswert war. Das fand auch der Herzog von Urach, der sich sehr in Amélie verliebte. Sie heirateten und bekamen neun Kinder (bei der Geburt des letzten starb Amélie mit nur 46 Jahren).

Eine andere Krankheit, an der viele Menschen damals starben, war die Cholera, die man meistens durch schmutziges Trinkwasser bekam. München galt lange Zeit als eine der ungesündesten Städte Europas mit einem sehr veralteten Abwasser- und Trinkwassersystem. Prinz Leopold erinnert sich: „Das Trinkwasser war schlecht, das Leitungswasser stammte aus den Brunnthaler Quellen, in welchen der bei Haching verschwindende Bach an den Isarhängen wieder zu Tage tritt. Vielfach, besonders in der inneren Stadt, wurde das Trinkwasser den im Hofe der Häuser gegrabenen Pumpbrunnen entnommen, die oft ganz nahe der Abort- und Jauchegruben lagen. Ich kann mich deutlich erinnern, dass das Trinkwasser, welches für uns Kinder das einzige Getränk bildete, bei nachhaltigem Regen, und besonders bei Tauwetter, trübe und oft flockig war. Der geborene Münchner war ge-

Auf diesem Foto ist Prinzessin Amélie 14 Jahre alt – auch bei ihr kann man das angeblich Entstellende nicht erkennen!

gen diese Bazillen, die man damals noch nicht kannte, meist immun, aber zugereiste Auswärtige... kamen selten ohne leichte oder schwere Typhuserkrankungen durch."

Als Prinz Leopold acht Jahre alt war, starb auf tragische Weise seine Großmutter, die frühere Königin Therese, an der Cholera. Um sich nicht anzustecken, hatte die ganze Königsfamilie die letzten Wochen vorsorglich auf dem Land, fern der Cholera-Epidemie in München, verbracht. Als die Cholera fast erloschen war, kehrten sie zurück in die Stadt. Aber Königin Therese steckte sich doch noch an und starb innerhalb kürzester Zeit. Prinz Leopold erinnert sich an die Beerdigung: „Um uns am Trauerzuge zu beteiligen, waren wir noch zu klein, doch sahen wir von einem Fenster der Residenz demselben zu. Von dem Trauergepränge desselben machten mir die Guglmänner einen unheimlichen Eindruck. Diese schwarzvermummten Gestalten mit den schwarzen Kapuzen, die nur mit schmalen Sehschlitzen versehen waren, auf der Brust den bayerischen Weckenschild, in den Händen die gekreuzten brennenden Kerzen, welche nach alter Hofsitte den Sarg aus dem Prunkleichenwagen in die Gruft zu bringen hatten, erinnerten mich zu sehr an die Abbildungen der mittelalterlichen Femegerichte in den Münchner Bilderbogen, die mir stets ein geheimes Gruseln verursachten."

Erst Max von Pettenkofer baute in München um 1870 herum eine moderne und hervorragend angelegte Abwasser-Kanalisation und sorgte für eine zentrale, saubere Trinkwasserversorgung aus dem Mangfalltal. Durch diese Maßnahmen wurde München zu einer der gesündesten Städte der Welt! Insgesamt wussten die Ärzte damals noch viel weniger über den menschlichen Körper und seine Krankheiten. Oft starben die Menschen, weil sie gar nicht oder falsch behandelt wurden. Es gab auch noch kaum Medikamente, deshalb musste man Schmerzen oft wohl oder übel aushalten - oder sich andere Möglichkeiten zur Schmerzbekämpfung überlegen.

König Maximilian II. litt zeit seines Lebens unter starken Kopfschmerzen. Kein Arzt konnte ihm helfen, auch zahlreiche Kuren und Aufenthalte in fremden Ländern mit anderem Klima machten die Schmerzen nicht besser. So kam Max auf eine ungewöhnliche Idee. Er glaubte, dass eine höhere Zimmerdecke, also mehr Luft über dem Kopf, seine Beschwerden lindern könnte. Er ließ in seinen Gemächern in Schloss Nymphenburg die Decke erhöhen. Dass dadurch die Zimmer darüber so niedrig wurden, dass man sie nicht mehr benützen konnte, störte ihn nicht. Die Kopfschmerzen gingen aber trotzdem nie weg.

Prinz Leopold erinnert sich mit Grauen an „...die damals von ärztlicher Seite für notwenig erachtete Blutreinigungskur im Frühjahr. Das Schlucken eines Glases Friedenshaller Bitterwassers (magnesiumhaltiges Mineralwasser, d. V.) nüchtern nach dem Aufstehen schmeckte abscheulich, ebenso wie das von Zeit zu Zeit verordnete Einnehmen von Lebertran" (ein Öl, das aus der Leber von Kabeljau/Dorsch, heimischen Haiarten und Schellfisch gepresst oder durch Erwärmen gewonnen wird, d. V.).

Prinz Adalbert lispelte als Kind. Leibarzt Dr. Heigel war der Meinung, dass man diesen „Fehler" beheben könne, wenn man das Bändchen unter der Zunge durchschneiden würde. Gesagt, getan. Der „Erfolg" dieser Behandlung war aber nur, dass nun auch noch die Zungenspitze herausrutschte und Adalberts Mutter sie eigenhändig mit dem Finger immer wieder zurückschob!

In den Briefen von Prinz Ludwig (II.) an seine frühere Erzieherin Sybilla Meilhaus ist viel von allerlei Krankheiten die Rede. Wegen Masern musste er sieben Wochen das Bett hüten, er hatte immer wieder Halsschmerzen und Heiserkeit. Eine Zeit lang litt Ludwig sehr an einer Gelenkentzündung: „Beide Handgelenke waren einen Tag so steif u. geschwollen, dass ich mit eigener Hand nicht essen konnte, wie einem Kinde gab man mir die Speisen. – Am Fronleichnams Tage bekam ich am linken Handgelenk meinen ersten Blutegel. Nun geht es, Gott sei Dank, wieder ganz gut." Häufig berichtet er auch über Zahnschmerzen. Er verlor bis zum 30. Lebensjahr bereits zwei Vorderzähne.

Die fünfjährige Prinzessin Wiltrud musste beim Zahnarzt ganz tapfer sein: Ein Abszess wurde aufgeschnitten und ein Zahn tief sondiert. Das passierte damals ohne Narkose oder Schmerzspritze. Als Belohnung durfte sie sich danach in einem Konditorladen etwas aussuchen. Trudi war beim Anblick all der Sachen ganz verlegen und traute sich gar nichts zu sagen. Aber dann flüsterte sie ihrer Kinderfrau alles, was ihr gefiel, ins Ohr und freute sich über das leckere Gebäck.

Ganz viele Prinzen und Prinzessinnen hatten schon in jungen Jahren schlechte Zähne. Das lag daran, dass man damals noch nicht genau wusste, wie man Zähne pflegen muss, um sie zu erhalten, und dass man, wenn sie schon schlecht waren, nicht das Wissen und die Geräte hatte wie heute, um sie zu behandeln. Wenn ein Zahn Karies hatte, konnte man das Loch nicht bohren und füllen, sondern das kleine schwarze Loch wurde größer und größer, bis der ganze Zahn schwarz war. Und wenn der Zahn so schmerzte, dass man es nicht mehr aushielt, blieb nichts anderes übrig, als ihn zu ziehen. Deshalb war es nicht selten, dass eine 17-jährige Prinzessin, wenn sie lächelte, ein lückenhaftes oder schwarzes Gebiss entblößte!

Hier sieht man den Leichenzug der Königin Marie, die zwar viele Jahre nach ihrer Vorgängerin Königin Therese starb (die eine 1854, die andere 1889), aber die Guglmänner gingen auch ihrem Sarg voran.

Die Familie

In Bayern leben seit circa 1000 Jahren die Wittelsbacher. Neben den Welfen sind sie das älteste Adelsgeschlecht in Deutschland. (In Preußen gibt es zum Beispiel die Hohenzollern, in Österreich die Habsburger, in Frankreich die Bourbonen.) Das ist ein riesiger Familienclan, aus dem jahrhundertelang die bayerischen Herrscher hervorgingen. Zum Königreich mit einem echten König wurde Bayern aber erst vor 200 Jahren. Und vor knapp 100 Jahren wurde das Königreich schon wieder abgeschafft. Seitdem regiert in Bayern zwar kein König mehr, aber die Wittelsbacher Familie gibt es immer noch.

Auch das heutige Familienoberhaupt, Herzog Franz von Bayern, lebt in Schloss Nymphenburg. Wenn du einmal im Nymphenburger Park spazieren gehst, triffst du ihn vielleicht zufällig. Er ist ein sehr feiner Herr und geht dort manchmal mit seinem Hund spazieren. (Auf Seite 7 des

Auf diesem Foto sind die vier letzten Generationen des bayerischen Königreichs abgebildet: In der Mitte auf dem Stuhl sitzend der regierende Herrscher Prinzregent Luitpold, links daneben sein Sohn Ludwig (später der III.), rechts dessen Sohn Rupprecht, neben ihm sein Sohn Luitpold.

Buches findest du in seinem Geleitwort auch ein Foto von ihm und seinem Hund Wasti.) Herzog Franz ist der Urenkel des letzten bayerischen Königs Ludwig III., sein Großvater war Kronprinz Rupprecht und sein Vater der Albrecht, der seine Mutter Marie Gabrielle und seine vier Geschwister schon so früh verloren hatte.

Die Familie hatte bei den Wittelsbachern – wie bei allen Adelsge-schlechtern – eine große Bedeutung und der Zusammenhalt wurde entspre-chend gepflegt. Zu allen Familienfesten und Ereignissen, wie Geburtstagen, Taufen, Hochzeiten, Beerdigungen etc. kamen alle Familienmitglieder, de-nen es möglich war. Aber auch im Alltag besuchten sich die Familienmit-glieder oft und regelmäßig.

An den Sonntagen zwischen 12 und 13 Uhr luden Ludwig I. und Therese alle Enkel zu sich ins Wittelsbacher Palais ein. Es gab Trinkschokolade, riesige Brezeln, Kartoffelkuchen und Altenburger Scho-kolade. König Ludwig I. bediente alle höchstpersönlich. Er ging von einem zum anderen, schenkte Schokolade ein und reichte Kuchen herum. Das war natürlich für die Kinder etwas ganz Besonderes. Außerdem durften die Prinzen lithographische Bilderbogen und Ansichten mit Wasserfarben ausmalen, die die Großmutter ihnen dann für ein paar „Sechserln" (= 6 Kreuzer, 60 Kreuzer = 1 Gulden) abkaufte. Darüber waren alle Prinzen sehr froh, denn keiner von ihnen bekam viel Taschengeld. Im Turmzimmer besuchten sie dann die beiden Affen der Königin, die dort wohnten. Sie waren ein Geschenk von Thereses Sohn Otto, dem König von Griechen-land. Prinz Leopold mochte die Affen allerdings gar nicht so gerne, weil sie immer so zudringlich bettelten.

Nach dem Tod Thereses durften die Kinder den Opa „zu be-stimmter Stunde allwöchentlich" unangemeldet besuchen. Er war immer sehr lieb, ohne sie zu verwöhnen. Prinz Leopold erinnert sich: „Öfters ver-sammelte Ludwig I. die Familie zu Familiendinners. Hier wurde noch ganz nach der alten Mode serviert: Jeder erhielt von jeder Speise seine Portion bereits vorgelegt auf seinem Teller vorgesetzt. Herumserviert wurde nichts. Die Portionen waren erschreckend groß, die Küche aber schlecht. Einmal in der Woche abends kam Großvater zu den Eltern zum Tee. Es waren dazu stets einige Herren und Damen, Zeitgenossen Großvaters, geladen; nach unseren kindlichen Begriffen uralte Leute, wie Graf Seinsheim, Graf Pocci, Gräfin Lodron, Gräfin Sandizell und so weiter, aber öfter waren auch jüngere Leute dabei. Eine der Hofdamen machte an einem Neben-tische den Tee, den dann mein Bruder und ich herumreichten, ebenso wie die Bäckereien, von denen wir uns dann zur Belohnung eine heraussuchen durften."

König Ludwig I. war ein begeisterter Großvater, der allen seinen Enkeln regelmäßig Besuche abstattete, wenn er nicht ohnehin mit ihnen unter einem Dach wohnte: In der Residenz mit den Enkeln

Auf diesem großen Familienfoto sieht man König Ludwig I. in der Mitte mit seinen Geschwistern, deren Familien und seinen Kindern und Enkelkindern. Ganz links die Familie von Prinzregent Luitpold, dann die von Prinz Adalbert, König Otto von Griechenland, König Max II., Prinz Karl und ganz rechts die Eltern und Geschwister von Sisi.

Ludwig und Otto, den Kindern seines Sohnes Max. Im Wittelsbacher Palais – wohin er umziehen musste, nachdem er abgedankt hatte und sein Sohn Max König geworden war – mit den Kindern seines Sohnes Luitpold: Ludwig (III.), Leopold, Arnulf und Therese. Auch im Sommer, wenn seine Enkel mit ihren Familien das Schloss Nymphenburg bewohnten, besuchte er sie oft im „Kindergarten", so wurde das Kinderspielzimmer im Turm der Parkmauer genannt, und spielte mit ihnen.

S. M. König Ludwig I. v. Bayern

Zu der Zeit, als dieses Foto gemacht wurde, war Ludwig I. schon
lange kein König mehr – dafür ein
umso netterer Großvater – auch
wenn man ihm das kaum ansieht!

☞ Im Schloss Nymphenburg oder im Schlosspark kann es gut sein,
dass du bei einem Spaziergang Herzog Franz von Bayern mit seinem Dackel triffst – viel Spaß auf deiner Erkundungstour!

Wie war es, einen König zum Papa und eine Königin zur Mama zu haben?

Meistens waren die Eltern, also der König und die Königin, so vom Regieren und Repräsentieren in Anspruch genommen, dass sie nur wenig Zeit für ihre Kinder hatten. Deshalb wurden Erzieherinnen und Erzieher damit beauftragt, sich um die Prinzen und Prinzessinnen zu kümmern. Das fing schon mit der Muttermilch an. Die kleinen Babyprinzen und -prinzessinnen wurden nicht von ihrer Mutter gestillt, sondern von einer Amme. Das war eine Frau, die selber ein Baby hatte und deshalb Milch in ihrer Brust, und die dann das kleine Königskind mitfütterte. Sie war die Hauptbezugsperson im ersten Lebensjahr eines Kindes. Auch gewickelt, gewaschen und angezogen wurden die Babys nicht von den Eltern, sondern von der Kinderfrau. Ihre Eltern besuchten sie ab und zu im Kinderzimmer, um ein bisschen mit ihnen zu spielen. Natürlich liebten auch ein König und eine Königin ihre Kinder und sie waren zum Teil sehr traurig darüber, dass sie nicht mehr Zeit mit ihnen verbringen konnten. Aber auf Gefühle und persönliche Bedürfnisse nahm man damals keine Rücksicht, schon gar nicht auf die eines Kindes. Wichtig war einzig, seine Aufgaben und Pflichten zu erfüllen.

Seinen ersten Geburtstag feierte der kleine Ludwig (II.) noch gemeinsam mit seinen Eltern, aber schon am zweiten Geburtstag blieb er alleine mit seiner Kinderfrau. Seine Eltern

Aus dem Leben unseres Erbprinzen Luitpold.

Prinz Luitpold auf dem Arm einer Kinderschwester.

Königin Marie und König Max II. mit ihren Söhnen Ludwig (II.) und Otto.

waren zur Erholung in einem Badeort namens „Schlangenbad". Es war für Ludwig sicher nur ein schwacher Trost, dass seine Mutter ihm einen Geburtstagsbrief schickte, in dem sie ihm schrieb, dass sie in der Nacht von ihm geträumt hatte und den ganzen Tag an ihn denken würde. Sie schickten aber auch viel Spielzeug. Ein Jahr später wurde Ludwigs Vater zum König ernannt. Von da an hatte er kaum noch Zeit für seine beiden Söhne, weil er so viel arbeiten musste. Ludwigs jüngerer Bruder Otto wurde kurz vor der Thronbesteigung des Vaters geboren und erlebte es nur sehr selten, dass dieser Zeit für ihn hatte.

Für die meisten Kinder aus königlichem Hause war die Kinderfrau der Mensch, mit dem sie die meiste Zeit verbrachten, ihre Sorgen und Nöte teilten und die liebevollste Beziehung hatten. Das Traurige dabei war, dass die Kinderfrau nicht ewig, wie eine Mutter, bei dem Kind bleiben durfte, sondern nur die ersten sechs Lebensjahre. Dann wurde sie durch einen Erzieher bzw. eine Erzieherin ersetzt. Die Trennung von ihrer Kinderfrau war für die meisten kleinen Prinzen und Prinzessinnen furchtbar traurig, und viele litten sehr unter dem Verlust ihrer geliebten „Ersatzmutter".

Ludwig II. musste gleich zwei für ihn schlimme Abschiede verkraften. Als er noch ein kleines Baby von acht Monaten war, starb plötzlich seine Amme, wahrscheinlich an Gehirnhautentzündung. Sie war eine junge, gesunde, dicke Bauersfrau, bei der der kleine Ludwig prächtig heranwuchs. Durch ihren Tod musste er von einem Tag auf den anderen abgestillt werden, und der für ihn wichtigste Mensch war plötzlich nicht mehr da. Selbst seine Eltern waren zu der Zeit auf Reisen und konnten ihn nicht trösten. Dem kleinen Ludwig ging es daraufhin von Tag zu Tag schlechter. Monatelang war er krank, hatte Fieberkrämpfe und wurde so schwach, dass er dem Tode nahe war. Erst als er eine neue Kinderfrau, Sybilla Meilhaus, bekam, erholte er sich langsam wieder, nahm zu und bekam bald die ersten drei Zähnchen. Ludwig lebte praktisch mit ihr wie mit einer Mutter zusammen und gewann sie sehr lieb. Aber als er sechs Jahre alt wurde, wurde er auch von ihr getrennt, weil er statt der Kinderfrau einen männlichen Erzieher, den Herrn Grafen de la Rosée, zugeteilt bekam. Das war natürlich sehr schmerzlich für ihn. Der Kontakt zu seiner Kinderfrau blieb aber sein Leben lang bestehen, Ludwig vergaß nie ihren Geburtstag und berichtete ihr in Briefen regelmäßig von seinem Leben, auch als er schon längst König war.

Es gab im Hause Wittelsbach eine Art Erziehungshandbuch mit dem Namen „Väterliche Ermahnungen", das einer der Vorfahren für seinen Sohn geschrieben hatte und unter dessen Regeln noch viele nachfolgende Generationen zu leiden hatten. Darin standen, wie der Name schon sagt, unzählige Ermahnungen und Drohungen. Im Klartext bedeutete das für die Prinzen: Viel lernen, spartanische Mahlzeiten, wenig Kontakt zu anderen Menschen, ein äußerst sparsames Taschengeld usw.

Ludwigs geliebte Kinderfrau Sybilla Meilhaus.

Das klingt nicht gerade nach einem luxuriösen Leben für die kleinen Königskinder, oder? So war es kein Wunder, dass das Verhältnis vor allem von Söhnen zu Vätern oft nicht sehr herzlich war.

Zu ihrem Vater, dem König Max II, hatten die Prinzen Ludwig (II.) und Otto ein ziemlich schlechtes Verhältnis. Der König war sehr streng und förmlich. So gab er seinen Kindern zum Beispiel zur Begrüßung nur die Hand, als wären sie Fremde. Nie nahm er sie in den Arm oder gab ihnen gar einen Kuss! Er sah seine Kinder eigentlich nur zweimal am Tag beim Essen und dann wusste er auch nicht, was er mit ihnen reden sollte. Aber die Bestrafung seiner Buben überließ er nicht den Erziehern, die wollte er eigenhändig vornehmen. Und er war streng! Die beiden wurden nicht selten wegen harmloser Streiche verprügelt. Ludwig sagte einmal: „Wir (Otto und er, d. V.) haben vor unserem Vater gezittert." Ein andermal beklagte er sich in einem Brief an seinen Cousin Rudolf (den Sohn von Kaiserin Sisi): „Du bist sehr zu beglückwünschen, eine so durch und durch ausgezeichnete, verständnisvolle Erziehung genossen zu haben, ein Glück ferner ist es auch, dass der Kaiser persönlich so lebhaft für Deine Ausbildung sich interessiert. Bei meinem Vater ist dies leider ganz anders gewesen, stets hat er mich de haut en bas (von oben herab, d. V.) behandelt, höchstens en passant einiger gnädiger, kalter Worte gewürdigt."

König Max II. hatte nicht viel mit seinen beiden Söhnen zu tun. Selbst als ihn sein Sekretär einmal darauf aufmerksam machte, dass er Ludwig ja mit auf seinen morgendlichen Spaziergang nehmen könne, antwortete Max unwillig: „Was soll ich mit dem jungen Herren reden?".

Auch zur Mutter hatten Ludwig und Otto kein sehr inniges, vertrautes Verhältnis. Sie besuchte sie zwar häufiger in ihren Zimmern und war viel gütiger und freundlicher als der Vater, aber auch sie hatte wenig Verständnis für ihre Söhne, besonders nicht für Ludwigs schwärmerische, phantasievolle Art. Ludwig und Otto hatten im Gegenzug wenig Lust an den von der Mutter organisierten Spielen, wie Hazard, Boccia, Billard, Croquet, Karten und Schach, teilzunehmen. Was sie aber alle drei sehr verband, war die Liebe zu den Bergen. Mit ihrer Mutter machten die beiden Buben mit großer Freude unzählige Bergwanderungen.

Prinzessin Sisi und ihre Geschwister hatten dagegen sehr großzügige und nicht so strenge Eltern, zu denen sie ein entsprechend gutes und herzliches Verhältnis hatten. Allerdings mussten diese Kinder auch nicht zu regierenden Königen und Königinnen erzogen werden – dachten die Eltern jedenfalls damals noch. Der Vater war allerdings eher selten zu Hause. Er unternahm oft alleine sehr weite und lange Reisen in die ganze Welt. Wenn er aber heimkam, wurde er von seinen acht Kindern freudig und jubelnd begrüßt. Mit Spannung warteten sie, was er ihnen wohl diesmal mitgebracht hatte. Einmal waren es vier junge Schwarze aus Ägypten, die zum Entsetzen Ludovicas Kammerdiener, Gärtner und Spielgefähr-

ten der Kinder wurden. Wenn Max zu Hause war, war das Haus voller Leben. Er erzählte seinen Kindern abenteuerliche Geschichten von seinen Reisen oder er holte sie mitten aus ihren Unterrichtsstunden heraus zu einer lustigen Landpartie, zu einer Schneeballschlacht oder, um im Garten die Obstbäume zu plündern. Besonders Sisi und ihr Vater waren ein eingeschworenes Team. Hin und wieder durfte sie mit auf seine Incognito-Besuche in die Dorfwirtshäuser der Umgebung. Herzog Max spielte dann als „fahrender Musikant" verkleidet auf seiner Zither, und Sisi sammelte anschließend das Geld

Herzog Max war ein leidenschaftlicher Zitherspieler. Auf keiner Reise durfte seine Zither fehlen, sogar am Fuße der Cheops-Pyramide in Ägypten gab er ein kleines Konzert.

ein. Die Münzen durfte Sisi behalten, und noch als Kaiserin stellte sie mit Stolz fest, dass dies das einzige Geld gewesen sei, das sie in ihrem ganzen Leben selbst verdient habe.

Waren königliche Geschwister immer ein Herz und eine Seele?

Für einen Prinzen und eine Prinzessin waren oft die Geschwister auch die besten Freunde, denn sie hatten wenig Kontakt zu anderen Kindern. Es gab für sie keinen Kindergarten (den ersten in Bayern gab es sowieso erst um 1870) und unterrichtet wurden sie nicht in einer Klasse mit anderen Kindern, sondern von Privatlehrern zu Hause. In den meisten Fällen war es einem Kind aus königlichem Hause auch nicht erlaubt, mit den Nachbarskindern zu spielen. Dafür kamen nur gleichrangige, also andere adelige Kinder, in Frage.

Eine Ausnahme war in dieser Beziehung die Familie von Herzog Max und Ludovica. Deren acht Kinder, darunter Sisi und Carl Theodor, durften mit allen Kindern spielen. So hatten sie auf Schloss Possenhofen viele benachbarte Bauernkinder als Freunde, und niemand verbot es ihnen. Sisi liebte es, mit dem kleinen Grafen David Paumgarten und seiner Schwester Irene durch die dunklen Wälder zu streifen. Aber die Geschwister waren auch sehr gut untereinander befreundet. Sisis Lieblingsbruder

Als Sisi selbst Mutter war, „schenkte" sie ihrer Tochter Marie Valerie den Mohr „Rustimo" als Spielgefährten – so wie ihr Vater damals seinen Kindern. Heute unvorstellbar!

war Gackl (Carl Theodor, der später ein berühmter Augenarzt wurde). Sie erzählten sich gegenseitig stundenlang Geschichten, oder sie führten selbstverfasste Puppentheaterstücke auf. Gackl spielte Sisi auf der Geige vor, sie las ihm Gedichte vor, begeistert gingen sie mit ihrem Vater Max ins Theater und schenkten sich wechselseitig Gedichtbände.

Die Brüder Ludwig (II.) und Otto waren die meiste Zeit unter sich. Ludwig mochte seinen kleineren Bruder Otto gerne, ließ ihn aber auch immer seine Überlegenheit als Älterer und als Kronprinz spüren. Der liebenswürdige Prinz Otto ließ sich das fast immer

Prinzessin Sisi (Elisabeth) und ihr Lieblingsbruder Gackl (Carl Theodor).

gefallen und fand sich damit ab, die „zweite Geige" zu spielen. Nur selten wurde es ihm zu viel. Einmal wollten sie gerade die Kutsche besteigen, Ludwig, wie immer zuerst, da warf Prinz Otto schnell seine Handschuhe vor ihm auf den Sitz. Wenigstens seine Handschuhe – wenn schon nie er selber – sollten einmal Erster sein! Ein anderes Mal hatte Prinz Otto sich einen Schneeball gemacht und rief seinem Bruder freudig zu: „Siehst du, ich habe einen Schneeballen, der ist größer wie dein Kopf." Darauf riss Ludwig ihm den Schneeball sofort aus der Hand, und der kleine Prinz Otto weinte bitterlich. Das hörte der Erzieher und fragte, was los sei. „Ludwig hat mir meinen Schneeballen genommen", rief Prinz Otto. „Königliche Hoheit", wandte sich der Erzieher an den Kronprinzen, „das geht nicht; wenn Prinz Otto sich einen Schneeballen gemacht hat, so gehört er ihm, und Sie dürfen ihm denselben nicht nehmen." „Wie?!", rief Ludwig mit blitzenden Augen. „Ich dürfte diesen Schneeballen nicht haben! Wozu bin ich denn Kronprinz?" Wohl oder übel musste er, von dem Erzieher belehrt, dass auch ein Kronprinz sich an die Regeln der Gerechtigkeit zu halten habe, den Schneeball dem Prinzen Otto wiedergeben. Der freute sich – und warf den Schneeball schon nach wenigen Schritten wieder weg.

Prinzessin Marie Gabrielle hatte drei ältere Schwestern. Sie war ein richtiges Mädchen, das gerne mit Puppen spielte, eine „Mama" werden wollte, schöne Kleider mit Spitze trug, beim Spazierengehen Blumen pflückte und Handarbeiten liebte. Ihre Schwestern hingegen hassten alles, was ihnen mädchenhaft erschien. Sie wollten, wie ihr Vater Herzog Carl Theodor, Ärztinnen werden (das durften Frauen damals aber noch gar nicht), spielten am liebsten Cowboy und Indianer und fanden Marie Gabrielles Vorliebe für schöne Dinge entsprechend verabscheuungswürdig. Nach

Hier sehen die Schwestern Marie Gabrielle, Sophie und Elisabeth aus, als könnten sie kein Wässerchen trüben.

ihrer Ansicht war Marie Gabrielle affektiert, weil sie sich unbegreiflicherweise ekelte, Kröteneier in ihrer Manteltasche vom Spaziergang mit nach Hause zu tragen. Und dass Marie Gabrielle sogar einen Sonnenschirm besaß, war für sie der Gipfel der Geschmacklosigkeit! Du kannst dir vorstellen, dass es zwischen diesen Schwestern nicht immer friedlich zuging und dass Marie Gabrielle in ihrer bescheidenen ruhigen Art viel Spott über sich ergehen lassen musste. Aber alles in allem verstanden sich die Schwestern trotzdem gut und unternahmen zusammen viele Ausflüge in die Berge und die Umgebung. Später kam Marie Gabrielle mit ihrer nächst älteren Schwester Elisabeth (die als Erwachsene Königin der Belgier wurde) ins Internat, wo sie beste Freundinnen waren und so manchen Streich miteinander aushecken! Darin waren diese Schwestern überhaupt sehr gut! Einmal spielten sie einem Kutscher einen Streich, der den Wagen vor dem Schloss in Possenhofen abgestellt hatte. Prinzessin Marie Gabrielle und ihre älteren Schwestern Sophie und Elisabeth konnten alle schon als Kinder eine Pferdekutsche lenken. So schwang sich Marie Gabrielle, kaum dass der Kutscher weg war, auf den herrenlosen Kutschbock und fuhr den Wagen an eine andere Seite des Schlosskomplexes. Die Schwestern versteckten sich hinter den Büschen und lachten sich über das verdutzte Gesicht des Kutschers kaputt, als er wiederkam und weder Pferd noch Wagen vorfand. Für heutige Verhältnisse klingt dieser Streich eher harmlos, aber für damalige Zeiten und noch dazu für Prinzessinnen, war das schon ganz schön frech! Nach einem dieser Streiche trauten sich die Prinzessinnen nicht mehr unter die Augen ihrer Eltern, also versteckten sie sich. Und zwar gut! Stunden um Stunden vergingen, aber die Prinzessinnen kamen nicht wieder. Sie wurden überall gesucht – umsonst. Die Eltern fingen an, sich große Sorgen zu machen und holten schließlich sogar die Gendarmerie (so nannte man früher die Polizei), um die Prinzessinnen zu suchen. Endlich kam einer der Gendarmen freudestrahlend zurück: „Melde gehorsamst, die Prinzessinnen sitzen auf dem Dach."

Die beiden Schwestern Wiltrud und Helmtrud waren unzertrennlich. Sie

Zwischen diesen beiden Schwestern flogen öfter mal die Fetzen – aber ihre innige Beziehung hatten Prinzessin Wiltrud und Prinzessin Helmtrud noch, als sie längst alte grauhaarige Frauen waren.

Das sind Sisis Geschwister: Sophie, Max Emanuel, Carl Theodor, Helene, Ludwig, Mathilde und Marie.

verbrachten fast jede Minute des Tages zusammen und spielten sehr viel miteinander. Da gab es natürlich auch immer wieder Streit, weil die eine die andere ärgerte oder umgekehrt. Einmal bewarf die kleinere Helmi ihre Schwester mit einem nassen Schwamm, so dass diese fast vom Stuhl fiel. Ein anderes Mal ärgerte Trudi dafür Helmi, indem sie für den hölzernen Spielzeughirsch einen schönen Garten baute und für die Mutter Muh (ein Schaf) nur eine Höhle. Helmi geriet darüber furchtbar in Wut und schrie: „Ach wie bös!", zog Trudi an den Haaren und biss sie so in den Arm, dass man deutlich den Gebissabdruck sehen konnte. Trudi lachte aber nur und machte immer weiter, etwas Schönes für den Hirsch zu bauen und das Schaf zu benachteiligen. Helmi ging jedes Mal wieder auf die Schwester los, bis die Kinderfrau sie schließlich trennte. Jede in einem anderen Zimmer, beruhigten sie sich wieder und fingen bald an, sich durch's Schlüsselloch friedlich zu unterhalten.

Mit wem haben Prinzen und Prinzessinnen gespielt?

Prinzen und Prinzessinnen durften nicht mit jedem spielen, aber ein paar Freunde hatten sie schon. Das waren andere Prinzen und Prinzessinnen oder zumindest Grafen- oder Fürstenkinder. Viele Gelegenheiten, andere Kinder zu treffen, hatten sie jedoch nicht. Dafür schrieben sie sich oft Briefe.

Ludwig (II.) und Otto hatten ein paar wenige Freunde, deren Besuch von den Eltern erlaubt wurde. Diese wurden dann sonntags immer eingeladen. Darunter war der Sohn des Hofarztes Gietl und die Tochter eines Staatsmannes, Helene von Dönniges. Die Prinzen waren sehr schüchtern, deshalb schlugen ihnen ihre Erzieher oft vor, ‚Krieg‘ und ‚Soldaten‘ zu spie-

Auf diesem Bild sind vermutlich die Enkelkinder von Königin Caroline dargestellt, also lauter Cousinen und Cousins der adeligen Häuser Wittelsbach und Habsburg. Man weiß es nicht genau, aber das Gemälde von Königin Caroline im Hintergrund deutet darauf hin.

Cousinen und Cousins waren häufig die Spielkameraden der Königskinder. Hier spielen die bayerischen Prinzen Luitpold (r.) und Albrecht (l.) mit den Kindern der belgischen Königin, Prinzessin Maria Josepha und Kronprinz Leopold. Ihre Mütter waren die Schwestern Marie Gabrielle und Elisabeth.

len, in der Hoffnung, dass Ludwig und Otto dadurch härter und mutiger würden. Die eingeladenen Buben durften den Prinzen nicht die Hand küssen und sie nicht mit „Königliche Hoheit" anreden. Wenn sich aber mal einer daneben benahm, wurde er das nächste Mal nicht mehr eingeladen. Das passierte einmal Graf Tony Arco, weil er dem Kronprinzen Ludwig eine Ohrfeige gegeben hatte. (Wahrscheinlich hat er sich darüber geärgert, dass der kleine Kronprinz immer der Erste sein wollte.)

Ludwig sehnte sich immer nach einem besten Freund, mit dem er alles teilen könnte. Oft glaubte er einen solchen gefunden zu haben, aber meistens erhoffte er sich zu viel von dem neuen Freund, so dass seine hohen Erwartungen bald wieder enttäuscht wurden. Als Ludwig 18 Jahre alt war, erzählte er in einem Brief an seine frühere Kinderfrau Sybilla Meilhaus von einem neuen Freund: „Da ich dein gutes Gemüt kenne, das an Allem, was mich angeht, so lebhaften Antheil nimmt, so muß ich Dir doch schreiben, dass ich einen innigen, treuen Freund gefunden habe, dessen einziger Freund auch ich bin; dieser ist mein Vetter Karl, der Sohn des Herzogs Max. - Dieser Arme wird fast von Jedermann gehaßt u. verkannt, ich kenne Ihn aber besser u. weiß dass Er ein vortreffliches Gemüth hat. - O, es ist so schön, einen treuen, geliebten Freund zu haben, an den man sich in den Stürmen des Lebens halten kann, u. sie/Alles mit ihm theilen." (Dieser Karl / Carl ist Sisis Lieblingsbruder „Gackl".)

Prinzessin Wiltrud schreibt in ihrem Tagebuch: „Wir sind beim Doktor Bever eingeladen, seine Kinder Gustav und Julie spielen mit uns anderen Kindern verschiedene Theaterstücke. Zuerst wurde Schneewittchen aufgeführt, die Zwerge versetzten mich in helle Begeisterung. Neben dem Fenster steht eine Schale mit verlockendem Teegebäck, von dem uns vorher angeboten wurde."

Die Prinzessinnen trauen sich aber nicht, von den Keksen zu nehmen, „bis Wolli (Prinz Wolfgang, d. V.) sich erhebt

Bei den Kindern von Ludwig III. war das Spiel „lebende Bilder" sehr beliebt. Hier sieht man Prinzessin Mathilde als Zigeunerin, ihre vier jüngeren Schwestern verbergen sich hinter: Elefant = Prinzessin Hildegard, Bär = Prinzessin Wiltrud, Affe = Prinzessin Helmtrud. Und findest du auch die Jüngste, Prinzessin Gundelinde? Sie ist der kleine Rabe rechts neben Mathilde.

und eins herunterholt. Hildi folgt seinem Beispiel, auch ich ... Ein Plätzchen folgt dem anderen. Als Otti (die Kinderfrau, d. V.) das sieht, schimpft sie." Dann geht das Spiel weiter mit „Hänsel und Gretel", wo ein mit leckeren Sachen behängtes Zuckerbäckerhaus „mitspielt". Auch das plündern die Kinder in Sekundenschnelle. Sie hatten die Backen gestopft voll mit Lebkuchen, da erwischte Otti sie wieder! Diesmal verhängte sie eine tüchtige Strafe, eine nach der anderen bekam eine saftige „Wichs" (Ohrfeige)!

Prinz Albrecht beim Schlittschuhlaufen im Englischen Garten auf dem Kleinhesseloher See, 1908.

Prinz Luitpold von Bayern (1) und sein Bruder Albrecht (2) beim Schlittenfahren.

Prinz Luitpold und Prinz Albrecht beim Fischen am Königssee.

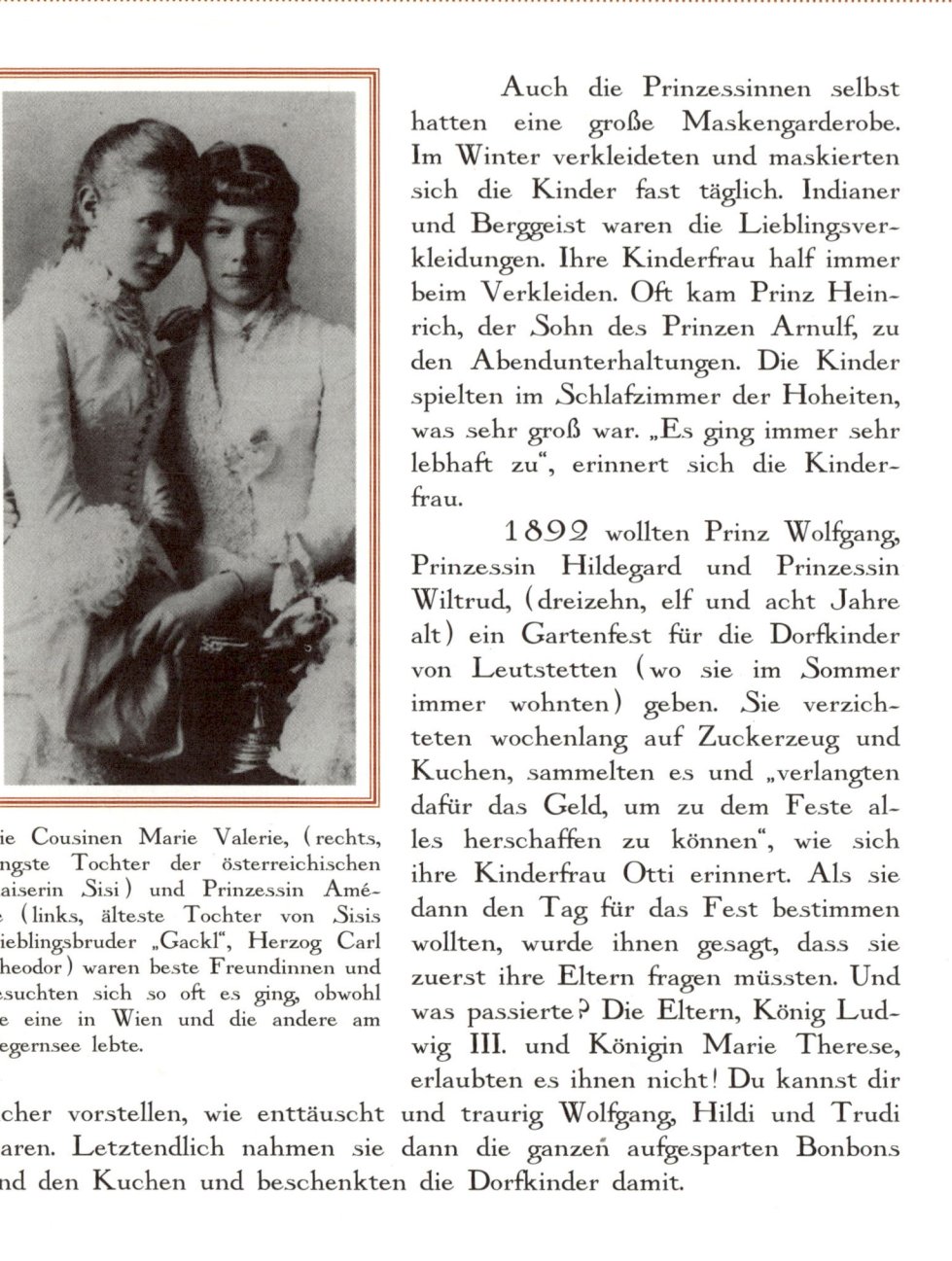

Die Cousinen Marie Valerie, (rechts, jüngste Tochter der österreichischen Kaiserin Sisi) und Prinzessin Amélie (links, älteste Tochter von Sisis Lieblingsbruder „Gackl", Herzog Carl Theodor) waren beste Freundinnen und besuchten sich so oft es ging, obwohl die eine in Wien und die andere am Tegernsee lebte.

Auch die Prinzessinnen selbst hatten eine große Maskengarderobe. Im Winter verkleideten und maskierten sich die Kinder fast täglich. Indianer und Berggeist waren die Lieblingsverkleidungen. Ihre Kinderfrau half immer beim Verkleiden. Oft kam Prinz Heinrich, der Sohn des Prinzen Arnulf, zu den Abendunterhaltungen. Die Kinder spielten im Schlafzimmer der Hoheiten, was sehr groß war. „Es ging immer sehr lebhaft zu", erinnert sich die Kinderfrau.

1892 wollten Prinz Wolfgang, Prinzessin Hildegard und Prinzessin Wiltrud, (dreizehn, elf und acht Jahre alt) ein Gartenfest für die Dorfkinder von Leutstetten (wo sie im Sommer immer wohnten) geben. Sie verzichteten wochenlang auf Zuckerzeug und Kuchen, sammelten es und „verlangten dafür das Geld, um zu dem Feste alles herschaffen zu können", wie sich ihre Kinderfrau Otti erinnert. Als sie dann den Tag für das Fest bestimmen wollten, wurde ihnen gesagt, dass sie zuerst ihre Eltern fragen müssten. Und was passierte? Die Eltern, König Ludwig III. und Königin Marie Therese, erlaubten es ihnen nicht! Du kannst dir sicher vorstellen, wie enttäuscht und traurig Wolfgang, Hildi und Trudi waren. Letztendlich nahmen sie dann die ganzen aufgesparten Bonbons und den Kuchen und beschenkten die Dorfkinder damit.

Was für Spielsachen hatten Prinzen und Prinzessinnen?

In den königlichen Kinderzimmern fand man eine Eisenbahn, Puppen, Maschinen, die sich bewegen konnten, Spielfiguren (Soldaten aus Blei oder Tiere aus Pappmaché oder Holz), Bilderbücher, Bauklötze usw. Damals gab es zwar nicht so viel verschiedenes Spielzeug wie heute – vor allem nichts aus Plastik, Kunststoff war damals noch nicht erfunden – aber trotzdem hatten die Prinzen und Prinzessinnen tolle, und im Vergleich zu „normalen" Kindern, besondere Spielsachen, die oft Spezialanfertigungen waren. Etwas so Normales wie Papier war für die Kinder der damaligen Zeit aber etwas ganz Besonderes und auch Prinzen und Prinzessinnen freuten sich sehr, wenn sie Papier, zum Beispiel zum Namenstag, geschenkt bekamen.

Ludwig (II.) spielte sehr gerne mit den Bauklötzen, die ihm sein Opa, König Ludwig I., zu Weihnachten geschenkt hatte. Der war selbst ein begeisterter Bauherr (u. a. ließ er das Siegestor, die Feldherrnhalle und den Königsplatz mit Glypto-

Im Kinderzimmer von Prinzessin Wiltrud und Helmtrud (links steht ihre Erzieherin Fräulein Amalie Ott – „Otti") steht allerlei Spielzeug herum. Mit so manchem davon spielen die Kinder von heute auch noch gerne, oder?

J.K.H.
Die Prinzen Luitpold und Albrecht von Bayern
mit Prinz Leopold von Belgien.

Die Prinzen Luitpold und Albrecht (Marie Gabrielles Söhne) mit ihrem belgischen Cousin und einer Kinderküche.

thek bauen) und war entsprechend stolz auf die Begabung seines Enkels: „Bei der Christbescherung 1852 bekam Ludwig von mir das Siegesthor aus Baustein-Hölzern; Zu bauen liebt er; vorzüglich, überraschend, mit gutem Geschmack sah ich Gebäude von ihm ausgeführt…“, schreibt er in einem Brief an seinen Sohn Otto von Griechenland. Am liebsten baute der kleine Ludwig Kirchen und Klöster oder stellte ein Heiliges Grab auf, schmückte es und versah es mit Lichtern. Seine Lieblingsverkleidung war entsprechend: Klosterfrau! (Als Erwachsener baute König Ludwig II. immer noch begeistert, zum Beispiel die Schlösser Neuschwanstein, Linderhof, Herrenchiemsee.)

Die Kinder von König Ludwig III. besaßen „ein großes Hammerwerk mit einer Sägemühle, die mit Sand betrieben wurde“, wie Prinzessin Wiltrud in ihrem Tagebuch notierte. Sie war ein Geschenk von Königin Marie, ihrer Großmutter. „Wir durften nicht zu oft damit spielen, damit sie immer in gutem Stande war. Noch ist sie aufgehoben!“ Sie hatten auch noch eine Baggermaschine, die man mit Grieß betreiben konnte. Ansonsten spielten sie gerne mit ihren vielen Tieren aus Pappmaché, ihrer Puppenstube oder hüpften mit dem Steckenpferd durchs große Wohnzimmer. Zu Weihnachten bekamen Wiltrud und Helmtrud einmal zusammen eine Druckereisetzmaschine geschenkt, mit der sie in den Tagen und Wochen nach Weihnachten alles bedruckten, was nicht niet- und nagelfest war, sogar die Vorhänge, die Fensterbank und ihre Kleider!

Herzog Ludwig Wilhelm (der kleine Bruder von Marie Gabrielle) übt schon mal in seiner Minikutsche, wie man einen Pferdewagen lenkt.

Dieser vierjährige Junge wurde der erste König Bayerns, Max I. Hier siehst du, dass Federball und -schläger sich in 250 Jahren kaum verändert haben!

☞ Im Spielzeugmuseum im alten Rathausturm in München kannst du alte Spielzeuge in der Art, wie sie zu Zeiten der Königskinder aussahen, anschauen.

Interessierten sich Königskinder auch für Dinosaurier und Ritter?

Hätten die Prinzen und Prinzessinnen damals etwas von Dinosauriern gewusst, hätten sie sich sicher dafür interessiert. Aber damals hatte man noch keine Ahnung, dass es auf der Erde einmal Dinosaurier gegeben hat. Der erste Dinosaurierknochen (es war ein Zahn) wurde erst 1820 von der Ehefrau eines Arztes gefunden. Ihr Mann war der einzige Wissenschaftler, der nicht glaubte, dass der Zahn zu einem Elefanten gehörte. Er vermutete, dass es der Zahn einer urzeitlichen Riesenechse sei. So begannen die ersten Forschungen über diese unbekannten Tiere. Das erste vollständige Dinosaurierskelett wurde erst 1858 in Amerika entdeckt. Da war Ludwig (II.) 13 Jahre alt, aber Amerika war weit weg, und die Nachrichten verbreiteten sich damals viel, viel langsamer über die Welt als heute.

Ritter und Drachen begeisterten die Prinzen und Prinzessinnen aber durchaus auch. Im Grunde genommen interessierten sie sich für dieselben Dinge wie alle anderen Kinder und wie ihr heute. Für Ritter und Indianer zum Beispiel, oder für Feen, Berggeister und Räuber. Sie fanden es spannend, an Baustellen den Arbeiten zuzuschauen oder neue Maschinen

In Schloss Linderhof ließ König Ludwig II. eine Grotte bauen, wo er Musik hören und als Schwanenritter auf dem See fahren konnte.

und Fahrzeuge zu erkunden und auszuprobieren, wie zum Beispiel die Eisenbahn, die damals ihre ersten Fahrten machte.

Die beiden Prinzen Ludwig und Otto spazierten oft mit ihrer Mutter Königin Marie in die Maximilianstraße, als diese gerade gebaut wurde. Sie waren technisch sehr interessiert und fanden die Maschinen, die dort zum Einsatz kamen, entsprechend faszinierend. Noch dazu war es ja ihr Vater, König Max II., der diese neue Prachtstraße

Als der Grundstein für das Maximilianeum am Ende der Maximilianstraße gelegt wurde, war Ludwig (II.) zwölf und Otto neun Jahre alt. 17 Jahre dauerte es, bis der Bau endgültig fertig war – da hatten Ludwig und Otto viel Zeit, den Bauarbeiten zuzuschauen!

anlegen ließ. (Im Unterschied zu seinem Vater Ludwig I., der die Ludwigstraße in ganz strengem, klassizistischem Stil erbaute, wollte Max eine abwechslungsreichere Straße mit unterschiedlichen Baustilen.)

Die Prinzessinnen Helmtrud und Wiltrud blieben bei jeder Baustelle stehen, ob beim Anbringen einer neuen Regenrinne, beim Bau des neuen Bootshäuschens am Ufer des Starnberger Sees oder, als die Kapelle im Gut Leutstetten ein neues Dach samt Kirchturm bekam. Sie beobachteten jeden Tag mit Spannung den Fortgang der Arbeiten. Der Ansicht ihrer Kinderfrau nach unterhielten sich die Prinzessinnen aber zu freundschaftlich mit den Bauarbeitern und wurden deshalb sehr geschimpft.

Damals gab es noch keinen Fernseher oder Kinos, um sich Filme anzusehen, keine CD-Player oder Radios, um Musik zu hören, keine Computer, nicht einmal Kinderbücher in der Vielfalt, wie es sie heute gibt. Als Abendbeschäftigung wurde gespielt: Karten, Patiencen, Billard, Schach, Mühle etc. Im Salon wurde ein Konzert gegeben oder selbst musiziert. Am Hof war extra ein „Vorleser" angestellt, der gerufen wurde, wenn

Nicht für alle Prinzen und Prinzessinnen war es ein königliches Vergnügen, ins Theater zu gehen.

die Familie gerne eine Geschichte vorgelesen bekommen wollte. Anstatt ins Kino ging man ins Theater, um ein Ballett, eine Oper oder ein Theaterstück anzuschauen und sich in fremde Welten entführen zu lassen. Die königliche Familie nahm selbstverständlich in der Königsloge Platz, in der nie – auch wenn sie leer blieb – jemand anderes sitzen durfte.

Ludwig II. sehnte sich schon als kleines Kind danach, mit ins Theater gehen zu dürfen, was ihm aber nicht erlaubt wurde. Erst als er 15 Jahre alt war, wurde es ihm endlich gestattet. Allerdings durfte er nicht in der Königsloge sitzen, das durfte man erst, wenn man volljährig war, also mit 18 Jahren. So musste sich der Kronprinz von seinem Taschengeld eine eigene Eintrittskarte kaufen – was ihn aber in keiner Weise davon abhielt, oft das Theater zu besuchen. In den Pausen bekam er übrigens ohne väterliche Erlaubnis nicht mal ein Getränk. Mit 16 Jahren durfte Ludwig dann die erste Opernaufführung besuchen. Sie machte einen gewaltigen Eindruck auf ihn. Der Schwanenritter, der ihm von Kindheit an durch die Wandmalereien auf Schloss Hohenschwangau vertraut war und der ihn seit damals faszinierte, wurde auf der Bühne als Lohengrin lebendig. Ludwig weinte vor Ergriffenheit und Begeisterung und lernte von da an in jeder freien Minute, in seinem Zimmer oder im Park, das Textbuch und die übrigen Dramen Wagners auswendig.

Ganz anders erging es Prinzessin Ludovica und ihren Geschwistern. Sie musste schon mit vier Jahren mit ins Theater, weil man den Erzieherinnen eine Freude machen wollte und diese sich nicht von den königlichen Kindern trennen sollten. Ludovica nahm eine Puppe mit und spielte damit auf der Logenbrüstung, um sich die Zeit zu vertreiben, denn Theater war für sie furchtbar langweilig. Auch auf den offiziellen Hofbällen mussten sie und ihre Schwestern erscheinen, was keine von ihnen leiden konnte. Es hieß dann aber nur: „Il faut que les princesses apprennent à s' ennuyer avec grâce." („Die Prinzessinnen müssen lernen, sich mit Anmut zu langweilen.")

Prinz Wolfgang interessierte sich für alles Technische, er erfand selber alle möglichen Maschinen und Geräte, zum Beispiel eine Maschine, die verschiedene Dinge pulverisiert, was dann als Dünger verwendet werden konnte. Einmal gab Wolfgang seinen Schwestern eine elektrische Funkenvorstellung, wo er den Funken in seine Finger

Bücher anzuschauen ist für alle Kinder schön, auch für Prinzessinnen und Prinzen. Hier bekommen Albrecht und Luitpold von ihrer Mutter Marie Gabrielle etwas vorgelesen.

fahren ließ! Oder er führte seinen Schwestern Schwimmkunststücke am See in seinem neuen Froschkostüm vor. Auch an den Brunnen installierte er alle möglichen Wasserspiele mit Mühlrädern und Wasserfällen zur Unterhaltung der Geschwister.

Natürlich wurde damals viel gelesen. Aber nicht etwa nur religiöse, wissenschaftliche oder sonstige „wertvolle" Bücher, sondern auch zum Beispiel die Abenteuerromane von Karl May. Die Prinzessinnen Wiltrud,

Helmtrud und Gundelinde liebten die Abenteuer von Winnetou und Old Shatterhand. Indianer zu sein, gehörte zu ihren Lieblingsspielen, Prinzessin Wiltrud hatte sogar begonnen, die Indianersprache zu lernen und eine „Wörtersammlung" anzulegen und sie versuchte, ein Gebetbuch der „Sioux" zu entziffern. Eines Tages, als Prinzessin Wiltrud 13 Jahre alt war, bat sie Baron Laßberg, einen Brief an Karl May, den Schöpfer von Winnetou und Old Shatterhand, zu schreiben. Sie ließ viele Fragen stellen, wie zum Beispiel „Wie alt ist Kara Ben Halef? Lebt Osko und wo? Lebt Amad el Ghandur? Wann starb Marah Durimeh?", die Karl May sofort beantwortete. In ihrem Tagebuch beschreibt sie die Freude auf den Antwortbrief: „Ich muß nachholen, daß vorigen Abend, als ich ins Bett ging und mich zum Beten anschickte (Helmi war vorausgegangen) Helmi so aufgeregt war. Nachher zeigten mir Josepha und Helmi einen Brief – den längsterwarteten vom Karl May. Helmi hüpfte im Zimmer umher, ich war aufgeregt, während Josepha den Brief las. Anfangs klang es, als ob May spinne, nach und nach versteht man das Geschriebene ganz gut." Es folgte ein jahrelanger Briefwechsel zwischen der Prinzessin und dem Schriftsteller. Bald trafen sie sich auch persönlich und schließlich schrieb Karl May sogar eine Geschichte nur für die Königstöchter: „Der Mir von Dschingistan".

Kronprinz Ludwig träumte am liebsten einfach so vor sich hin. Eines Tages fand der Stiftspropst Döllinger

Auch als König hatte Ludwig II. immer noch Freude an der Zeremonie des Ritterschlags, hier beim Georgiritterfest 1871.

den Kronprinzen ganz alleine in einem verdunkelten Zimmer auf dem Sofa sitzend: „Aber Euere Königliche Hoheit müssen sich ja ohne jegliche Beschäftigung langweilen, weshalb lassen Sie sich nicht etwas vorlesen?", fragte er Ludwig. „Oh, ich langweile mich gar nicht", antwortete dieser, „ich denke mir verschiedene Dinge aus und unterhalte mich sehr gut dabei."

Natürlich besaßen Ludwig und Otto eine Menge Spielsachen, aber meistens waren ihre Spiele rein phantastischer Art. „Elfensein war unser höchstes Ideal. Gardinen und Portieren wurden zu Blumen und Flügelgewändern, in die wir uns hüllten, in de-

Ludwig II. zog sich gerne auf die Roseninsel im Starnberger See zurück, um dort zu lesen. Hier sieht man ihn bei der Lektüre des Romans „Der letzte Mohikaner" – da war er immerhin schon 21 Jahre alt und seit zwei Jahren König!

nen wir wohnten – und die märchenhaftesten Vorgänge erlebten wir in unserer Kinderphantasie", erinnert sich Helene von Dönniges, das einzige Mädchen unter Ludwigs Spielkameraden. Außerdem erinnert sich Helene an das beliebte Spiel „Herunterspucken" auf die Fußgänger unter dem Kinderzimmerfenster in der Residenzstraße, an Kämpfe um Bilderbücher oder, wie sie den schönen, großen, plastisch gearbeiteten Zinnsoldaten die

Köpfe herumdrehten. Mit Max Gietl spielte Ludwig oft „Ritterschlag", der blaue Schleier der Kinderfrau war ihr Rittermantel.

Ein Spiel, das Helmi und Trudi gerne auf einer schönen Wiese draußen spielten, war „Hexe". Hier eine Spielbeschreibung „Hexe" (von Wiltrud selbst geschrieben): „Die Hexe wird fortgeführt, einer muss die Hexe sein und bekommt einen Stock. Die Grenze ihres Aufenthalts wird gezeichnet. Erwischt die Hexe im Kreise ein Kind mit dem Stock, muss es verzaubert stehen bleiben, die anderen können es wieder erlösen, aber die Hexe bewacht es streng und wenn sie drei Gefangene gemacht hat, ist sie erlöst. Ein anderer hat dann die Hexe zu machen."

Ein echter Prinz spielt auch gerne Ritter! Das hier ist Prinz Heinrich, ein Sohn von Kronprinz Rupprecht.

☞ Schlendere doch mal mit deinen Eltern auf der Maximilianstraße und der Ludwigstraße und schau dir die Gebäude genau an! Bestimmt findest du dort auch Baustellen - aber fällt dir noch mehr auf, wenn du die beiden Straßen miteinander vergleichst?

Wie hat ein Königskind Geburtstag gefeiert?

Geschenke gab es auch damals schon, wenn ein Prinz oder eine Prinzessin Geburtstag hatte. Und manchmal sogar einen Kuchen mit Kerzen darauf. Aber eine Geburtstagsfeier mit Freunden und Spielen gab es nicht. Gefeiert wurde im Kreise der Familie mit Geschenkübergabe, und abends gab es oft ein Feuerwerk für das Geburtstagskind.

Wunschzettel von
Prinz Wolfgang 1890
(zum elften Geburtstag):

Heizbarer Dampfer
Messer
Pfeilwerfspiel auf Strohscheibe
Zimmerspringbrunnen
Schusser
Briefmarken
kleine Zimmergießkanne

Prinz Wolfgang zu der Zeit, als er den Wunschzettel schrieb.

Gefeiert wurde aber nicht nur der Geburtstag, sondern auch der Namenstag. Der war früher – vor allem im katholischen Bayern – mindestens genauso wichtig, wenn nicht sogar wichtiger als der Geburtstag. Damals spielte die Religion eine sehr große Rolle im Leben der Menschen, vor allem auch in den Königshäusern. Zum Namenstag der Eltern sagten die Prinzen und Prinzessinnen meistens Gedichte auf, manchmal sogar selbstgedichtete.

Von Prinzessin Mathilde gedichtet:

Ein Gedicht für ihre Mutter:

Heute liebste Mutter mein,
Ist dein Namenstag,
d'rum möge es dich sehr erfreuen,
Wenn einen Spruch ich sage
Leb lang gesund u. wohlgemuth
Du liebstes Mutterl mein,
Wir wollen sein stets brav und gut,
Erfreuen des Lebens dein
Zum Schluße bitten wir dich sehr
denn sagen können wir immer mehr,
Gib uns einen Kuß,
Eh daß ich gehen muß.

Wenn ein Kind geboren wurde, wurde es wegen der hohen Sterblichkeit meistens sofort getauft, und oft gab man ihm den Namen des Tagespatrons. So kam es, dass viele Kinder am selben Tag Geburtstag und Namenstag hatten. Das Taufdatum war wichtiger als der Geburtstag, weswegen in alten Kirchenbüchern sogar oft nur der Tauftag verzeichnet ist. Noch eine kleine Geschichte am Rande. Du wunderst dich bestimmt auch über die komischen Namen von den Prinzessinnen Wiltrud und Helmtrud? Das kam so: Der deutsche Kaiser Wilhelm wollte der Taufpate von dem nächsten Kind des bayerischen Königs werden, aber nur wenn es ein Junge würde. Es wurde aber keiner, sondern ein Mädchen. Um dem Kaiser zu gefallen, benannte der König seine Tochter trotzdem, wenigstens zur Hälfte, nach dem Kaiser: Wiltrud. Als dann das nächste Kind wieder ein Mädchen wurde – und der Kaiser wieder nicht Taufpate werden konnte oder wollte – nannte der König diese Tochter Helmtrud. Beide Prinzessinnen zusammen hießen so nach dem deutschen Kaiser: Wil-Helm – der Kaiser war zufrieden, und die armen Prinzessinnen hatten ihre Spitznamen weg. Sie waren „die Truden".

Das Gemälde „Die beiden Truden" malte der berühmte Maler Franz Seraph von Lenbach. Es hing lange in Schloss Wildenwart, wo Prinzessin Wiltrud über 40 Jahre, bis zu ihrem Tod 1975, lebte.

Am 22. Oktober 1891 erwachte die fünfjährige Prinzessin Helmtrud schon ganz aufgeregt. Es war ihr Namenstag. Als Erstes gratulierte ihr ihre Schwester Wiltrud mit einem Geschenk, und ihre Kinderfrau Otti gab ihr verschiedenes Gebäck. Aber das war noch längst nicht alles. Von ihren großen Schwestern bekam sie zwei Stecknadeln mit Täubchen drauf von Josepha, drei Mark für die Sparkasse von Maria, und Adelgunde schenkte ihr eine Zither. Von ihrer Mama bekam Helmi „ein Bügelbrett mit Bügeleisen, Waschkorb, Kluberl (Wäscheklammern), Strick (Wäscheleine) und Seifen". Außerdem ein Würfelspiel, einen Ball und Spritzen. Prinzessin Helmi freute sich sehr über all die schönen Geschenke und ging gleich ins Bügelzimmer, um zu bügeln. Den Nachmittag verbrachte sie wie immer mit ihrer Schwester Trudi und ihrer Kinderfrau Otti, sie spielten im Garten und schüttelten Zwetschgen. Abends richteten sie ein Bergfeuer mit Tuffstein und Springbrunnen her, und stellten dazu Wachskerzen pyramidenartig zusammen. Als es dann angezündet wurde, kam sogar Helmis Vater, Ludwig III., um die Pracht anzuschauen. Danach ging die kleine Prinzessin vergnügt und zufrieden ins Bett.

Prinzessin Wiltruds siebter Geburtstag einen Monat später, am 10. November, sah ganz ähnlich aus. Ihr zu Ehren machte Helmi beim Frühstück die Böllerschusser nach, die zur Feier eines Mitglieds der Königsfamilie immer abgegeben wurden. Auch Wiltrud bekam von ihrer Kinderfrau etwas Süßes, "Nüsschen aus Macaroni", aber die meisten davon "versuchte" Helmi – bis Trudi es ihr verbot. Um 8.15 Uhr war dann die Gratulation der Eltern und der anderen Geschwister. Es regnete und so konnte Trudi viel mit ihren neuen Sachen spielen: einer Nähmaschine, einer Schäferei, einer Waage, Zeichnungsbildern, einem Mosaikklebespiel, Badetieren, einer Vase und vielem mehr. Nachmittags bauten sie einen Alpsee mit Tuffsteinen und umgaben ihn mit Häuschen und einem Wasserfall. Am Abend wurden Lichter darumgesteckt und beleuchtete Nussschalen auf den See gesetzt. Trudis ältere Schwester Prinzessin Mathilde brannte noch bengalisches Feuer und Sprühregen ab. Es war wunderschön.

Ein paar Jahre später schreibt Wiltrud in ihr Tagebuch: "Am Mittwoch den 10. war mein dreizehnter Geburtstag! Ich bekam einige schöne Sachen. Der Tag verfloß sehr fröhlich. Tante Alix war beim Essen, schenkte mir ein hübsches Bonbonkörberl. Viel lieber hätte ich ein Karl May Buch gehabt!"

Die Wünsche einer Prinzessin gingen also auch nicht immer in Erfüllung. Ein Jahr später allerdings schon: "Gestern war mein 14. Geburtstag an dem ich sehr viele Sachen bekam. Ich bekam auch zwei Karl May Bücher! Ich habe jetzt meine Sammlung von 24 Büchern endlich fertig! Es wäre zu weitläufig, auch noch das andere aufzuzählen. Nach Tisch gingen wir zu den 10 Stuten: Heumalka, Reflet, Lunka, Renka, Achillesferse, Achillessehne, Aura, Timmelkamm, Herpenie und Harrak hinaus um sie zu füttern und um auf einer derselben Reitunterricht zu nehmen! Glücklicherweise im Herrnsattel! Schon zum dritten Male und diesmal sogar an der Longe, wo das Pferd durch nichts wie früher ganz geführt wird. Ich kann unmöglich sagen wie mir das gefiel. Es war schon sehr schön. Jetzt ist noch nichts bestimmt, ob wir es auch lernen dürfen.

Endlich ist zu hoffen, dass doch dieser eine große Wunsch von mir in Erfüllung gehen möge!"

An Prinz Ottos neuntem Geburtstag war mal wieder sein Vater nicht da. Er war oft auf Kur, weil er ständig unter Kopfweh litt. So bedankte sich Otto in einem Brief an den Papa für den bayerischen Generalsstab und die Tasse mit dem Bild seines Onkels König Otto von Griechenland und berichtete: Am Geburtstag „führte uns die Mutter in die Blumenausstellung, wo es mir sehr gut gefiel. Die Mutter gab uns Lose, mit welchen wir Hyazinthen gewannen." Am Abend gab es noch eine kleine Feier mit seinen Cousins.

In Königshäusern war es üblich, den Prinzen zum Geburtstag einen Orden zu verleihen oder sie im militärischen Grad zu

Ludwig (II.) mit 17 Jahren, als frischgebackener Leutnant des 2. Infanterieregiments.

befördern. An seinem 17. Geburtstag, den die königliche Familie in St. Bartholomä am Königssee feierte, erhielt Ludwig (II.) den Hausritterorden vom Heiligen Hubertus, an dessen etwas theatralischen Veranstaltungen er sich später mit einer gewissen Vorliebe beteiligte.

Mit 18 galt man auch damals als volljährig. Und so wie heute war der 18. Geburtstag für einen Prinzen und eine Prinzessin etwas ganz Besonderes. Ludwigs (II.) sehnlichster Wunsch für diesen Tag war es, ihn auf Schloss Hohenschwangau zu feiern, das er so liebte. Aber bis kurz vorher wusste er nicht, ob seine Eltern ihm diesen Wunsch erfüllen würden, obwohl er diese Bitte immer wieder und schon lange vor seinem Geburtstag am 25. August geäußert hatte. Schließlich und endlich aber brachen

sie von München auf und feierten in Hohenschwangau ein schönes Fest. Die Füssener Liedertafel sang vor dem königlichen Schloss, das in hellem bengalischem Licht erstrahlte, während die Königin stolz an der Seite des hochgewachsenen, schönen jungen Kronprinzen auf

Seinen 22. Geburtstag verbrachte Ludwig II. mit seiner Mutter Königinwitwe Marie und seinem Bruder Otto.

der Freitreppe stand und den Klängen der Huldigung lauschte. Einen Bericht über den Festtag gibt der Kronprinz selbst in einem Brief an König Ludwig I.: „Lieber Großvater! Für Ihren lieben Brief und die guten Wünsche sowie für das schöne Gedicht, wodurch Sie mir eine große Freude bereitet haben, spreche ich aus dem Grunde meines Herzens meinen innigsten Dank aus. Am Festtage selbst war das Wetter herrlich; ich stand schon um halb 5 Uhr auf und fischte. Sogleich fing ich einen herrlichen Hecht von neun und einem halben Pfund. Später erhielt ich viele Beglückwünschungen und Geschenke: ein Bild aus der Allerheiligenkirche, Bilder nach den Nibelungen von Schnorr, eine Nadel mit einem Schwan, ein Buch über Faust und über die Werke von Shakespeare und andere. – Es kam eine Deputation aus München, welche auch zur Tafel geladen wurde. Nachmittags fuhren wir zum Schweizerhause, abends war Beleuchtung. Die Mutter dankt herzlich für Ihren Brief und küßt die Hand, sowie Otto. – Wie freue ich mich, Sie, lieber Großvater, recht bald in bestem Wohlsein wiederzusehen! Indem ich Ihnen die Hand küsse, verbleibe ich mit inniger Liebe Ihr dankbarer Enkel Ludwig."

Und in einem Brief an Sybilla Meilhaus: „...die Herzlichkeit der Leute war rührend, auch der Stall war mit lauter Lampen erhellt, viele

Feuer brannten auf den Bergen, am 24sten sang im Schloßhof der Liederkranz, nach jedem Liede wurde das Schloß mit bengalischem Feuer beleuchtet... Wie schnell sind doch die 18 Jahre geschwunden, die wir hier miteinander verlebten. Da ich jetzt volljährig bin, so darf ich allein ausgehen, in München zum ersten Male, was mich sehr unterhielt... Über meine Zukunft weiß ich nur soviel, dass ich nächstens den Eid auf die Verfassung schwören werde. - Mein Aufenthalt wird wahrscheinlich München vor der Hand sein; später denke ich werde ich eine Universität besuchen!", meint er im September 1863 und ahnt nicht, was auf ihn zukommt. Ein halbes Jahr später stirbt sein Vater, und Ludwig wird König!

Kam zu einem Königskind auch der Osterhase ...

Wie alle anderen Kinder freuten sich auch die kleinen Wittelsbacher Prinzessinnen und Prinzen auf das Weihnachts- und das Osterfest. Beide Feste wurden - wie alle kirchlichen Festtage - ausgiebig und sehr feierlich begangen. Die Osterfeierlichkeiten begannen am Gründonnerstag mit der Fußwaschung durch den König. (Die Fußwaschung ist eine christliche Zeremonie, die daran erinnert, dass Jesus nach dem letzten Abendmahl - das am Gründonnerstag gefeiert wird - seinen Jüngern die Füße gewaschen hat.) Im Herkulessaal der Residenz wusch der König in einer feierlichen Zeremonie alten Männern die Füße, indem er aus einer wertvollen Kanne Wasser über die Füße der Männer goss, sie abtrocknete und ihnen ein Geldgeschenk umhängte. Anschließend wurden die Männer mit grüner Suppe, Hecht mit Spinat, einer Mehlspeise und Wein verköstigt. Der König persönlich bediente sie, zwei Prinzen halfen ihm dabei.

Am Karfreitagnachmittag wurde dann die Auferstehungsmesse gefeiert, und es wurden Heilige Gräber besucht, was besonders für die

Kinder faszinierend war. Vor allem der kleine Kronprinz Ludwig (II.) hatte eine besondere Vorliebe für Heilige Gräber. Eine seiner Lieblingsbeschäftigungen war es, selbst ein Heiliges Grab, mit allem drum und dran, zu bauen, etwa mit mit farbigem Wasser gefüllten, beleuchteten Glaskugeln.

Prinz Leopold beschreibt in seinen Lebenserinnerungen das Osterfest: „Wie schön war dann das liebe Osterfest: schon zum ersten Frühstück das Geweihte, das nach alter Sitte alle Hausgenossen erhielten – Lamm, Kalb, Zunge, Schinken, Eier, dazu der eigene Osterkuchen – und die verschiedenen guten Sachen, welche namentlich die Frauenklöster den Eltern sandten; auch die Juden brachten ihre Matzen. Dann das Eiersuchen: für jeden von uns ein eigenes Nest mit einem schokoladeüberzogenen Biskuithasen, mit Eiern und anderen guten Sachen und einem kleinen Geschenk. Jeder bekam vorher einen farbigen Papierstreifen, mit einem gleichfarbigen war das für ihn bestimmte, versteckte Osternest geziert. Welche Freude, wenn man es endlich fand! An dieser schönen Sitte hat Papa bis an sein

Lebensende festgehalten; noch als weißhaarige M ä n n e r haben wir z u s a m m e n mit Kindern und En- kelkindern unser Nest gesucht."

Hier sieht man Prinzregent Luitpold – umgeben von Familienmitgliedern, Geistlichen, Pagen und dem Hofstaat – bei der Fußwaschung am 7. April 1887 im Herkulessaal. Findest du ihn? (Er ist der Herr mit der Wasserkanne.)

„Heiliges Grab" nennt man die Nachbildung von Christus' Grab. Manchmal ist es mit mit farbigem Wasser gefüllten, beleuchteten Glaskugeln geschmückt. Früher hatte die darin liegende Christusfigur eine verschließbare Öffnung eingebaut, in der die Hostie – der „Leib Christi" – verwahrt wurde.

„So könnte die Familie auch an Ostern zusammengekommen sein. Kannst du dir vorstellen, dass diese „weißhaarigen Männer" – in der Mitte Leopolds Vater Prinzregent Luitpold, links daneben Leopolds Bruder Ludwig (III.) – Osternester suchen? Links hinter Ludwig sieht man übrigens Wiltrud und Helmtrud als erwachsene Frauen.

... und der Nikolaus?

Auch zu Prinzen und Prinzessinnen kam der Nikolaus. Und nicht nur der, der Krampus war auch dabei, furchterregend mit Weidenrute und ohne Respekt vor königlichen Kindern. Es kam sogar vor, dass ein Prinz oder eine Prinzessin übel mit der Rute geschlagen wurde!

Am Abend des 6. Dezember 1891 kam der Nikolaus zu den Kindern von König Ludwig III. Prinzessin Wiltrud und Helmtrud, sieben und fünf Jahre alt, fürchteten sich nicht. Dafür hatte die neunjährige Prinzessin Hildegard solch große Angst, dass ihre Zähne klapperten und sie starkes Nasenbluten bekam. Der Krampus (Baronin Wulfen) hatte aber kein Mitleid mit der Prinzessin, er benahm sich rüpelhaft, schlug zu und züchtigte die Prinzessinnen. Aber er brachte auch Geschenke, Süßigkeiten und Trompeten.

Als Prinzessin Wiltrud zwölf Jahre alt war, schrieb sie in ihr Tagebuch: „Am Sonntag wurde das Andenken an den Hl. Nikolaus gefeiert. Darum war Mama so gut und schickte Scheidel abends zur Garderobe hinauf, damit sie den Nikolaus mache. Helmi und Gundi glauben noch fest an den Nikolaus. Scheidel warf uns allerlei gute Esswaren herunter! Dann erhielt jedes sein Geschenk. Wir bekamen zwei Hosen, zwei Hemden und ein Paar Strümpfe für das arme Kind, eine Gießkanne und zwei Gläser Honig. Wir dankten Mama und Papa vielmals dafür." Jedes Weihnachten wurde ein „armes Kind" von einer Prinzessin beschenkt.

Am 5. Dezember 1894 hörten die Enkel von Herzogin Ludovica (der Halbschwester von König Ludwig I.) von Ferne Schellengeläut. Als sie vor die Tür schauten, staunten sie nicht schlecht. Es war der Nikolaus! Er fuhr mit seinem Schlitten direkt zu ihnen. Bekleidet war er mit einem festlichen Bischofsgewand und weißen Handschuhen, der Krampus trug einen Pelzmantel verkehrt herum und war schwarz mit Ruß von Kopf bis Fuß (gespielt wurden sie von einem Holzknecht und einem Tischler). Prinz Ludwig Wilhelm (zehn Jahre alt, Sohn von Carl Theodor) und der kleine Prinz Luitpold (vier Jahre alt, Sohn von Max Emanuel, dem jüngsten von Ludovicas Kindern), die eben noch ganz frech waren, standen nun ganz eingeschüchtert vor dem Nikolaus und trugen ihm ihre Gebete vor. Der Nikolaus seinerseits ermahnte die Buben zum Guten und überreichte ihrer Großmutter eine gutgebundene Rute – falls die Prinzen seinen Rat vergessen sollten. Die heilige Scheu der Kinder wich erst, als Knecht Rupprecht seinen Sack öffnete und Äpfel, Nüsse und Lebkuchen auf den Boden schüttete. Da küssten sie dem Nikolaus überschwänglich die Hand und stürzten sich auf die guten Sachen.

Wie feierte eine Königsfamilie Weihnachten?

Für die kleinen Prinzen und Prinzessinnen war die Weihnachtszeit und Weihnachten selbst etwas ganz Besonderes. Sie schrieben, wie du, ihre Wunschzettel und überlegten, was sie selbst schenken könnten. Viele Geschenke wurden von den Kindern auch selbst gemacht und so wurde in der Vorweihnachtszeit viel gebastelt und „Kommissionen gemacht" (eingekauft). Die Krippe wurde hergerichtet, Bonbons eingewickelt als Christbaumschmuck und manchmal durften die Prinzessinnen sogar eigene Christbäume schmücken. Die Prinzen und Prinzessinnen wünschten sich auch einiges, wie man ihren Wunschzetteln entnehmen kann, und vermutlich kommen dir einige Wünsche bekannt vor, andere erscheinen dir heute sicher eher seltsam:

Ludwig (II.) wünschte sich zum Beispiel ein Messer mit vielen Klingen, eine Pulvertasche, Bilder aus der Allerheiligen Hofkirche, das Modell einer Lokomotive mit Dampfbetrieb und Bremswagen, ein Gebetbuch in Elfenbein gebunden mit blausamtenem Rücken und einem Kreuz von Lapislazuli auf dem Deckel, ein Linienschiff mit Kajüte „ungefär drei Schuh zwei Zoll lang", ein Bild von Jesus auf dem Ölberg, Tassen mit

Ansichten der Frauenkirche, Berchtesgadens, Hohenschwangaus, Bilder des Kampfes des Schwanenritters und von dessen Hochzeitszug. Bescheiden fügte er hinzu „wenn es nicht zuviel ist" oder „wenn es möglich ist". Er selbst schenkte seinem Bruder rosa Knöpfe aus Email, da dies Ottos Lieblingsfarbe war. Außerdem zwei Bücher („Die letzten Tage von Pompeij", „Mucius Sforza"), Tassen, Bronzegegenstände und noch mehr. Seiner Kinderfrau schenkte er eine Brosche und Ohrringe in Erinnerung an die schöne und vergnügte Weihnachtszeit, die er mit ihr als kleines Kind verbracht hatte. Eine alte Hofsitte war es auch, einige Tage vor Weihnachten abends eine Rundfahrt zu einer Anzahl von Konditoreien zu machen. Dort wurden die ausgestellten süßen Sachen bestaunt und die Einkäufe für den Weihnachtstisch gemacht. Auch andere größere Kaufgeschäfte wurden besucht. Die Zuckerbäckergeschäfte empfingen die Prinzen und Prinzessinnen bereits mit Flambeaus (eine Art Kerzenleuchter, d. V.).

Eine große Tradition hat bei der Wittelsbacher Familie bis heute die Wohltätigkeit. Vor allem in der Vorweihnachtszeit besuchten die Prinzen und Prinzessinnen mit ihren Müttern Kinderheime, Kranken- und Armenhäuser oder andere soziale Einrichtungen. An Weihnachten kamen die Prinzen Ludwig (II.) und Otto in das königliche Max-Josef-Stift, um mit den dortigen Kindern zu kochen, was immer der Hauptweihnachtsspaß war. Die beiden hatten mit all

Hier warten die Hofequipagen vor den Geschäften in der Neuhauser Straße auf die Herrschaft, die drinnen ihre Weihnachtseinkäufe macht. Aufnahme um 1910 von Georg Pettendorfer.

den Reibeisen, Mörsern und Modeln der Puppenküchen so viel Spaß, dass die Königin beschloss, den Kindern des Stifts auch eine Freude zu machen. Am Neujahrstag erschien sie mit einer Menge reizender Geschenke und veranstaltete eine kleine Verlosung. Dabei durften die Prinzen mithelfen. Kronprinz Ludwig war schon als Kind sehr großzügig und freigiebig. Es machte ihm viel Freude, andere zu beschenken. So hatte er großes Mitleid mit einem kleinen Mädchen, das nur einen „Hanswurstel" (Niete) gezogen hatte. Ludwig tat einfach so, als sei es ein Gewinn und überreichte ihr einen niedlichen Flacon.

In der Familie von König Ludwig III. – und auch schon, als er selbst ein Kind war – war es Sitte, dass zu Weihnachten eine arme Familie neu eingekleidet und beschenkt wurde. Jede Prinzessin kümmerte sich um ein armes Kind. Die Kinder wurden in den Tagen vor Weihnachten ins Schloss gebeten, um Maß nehmen zu lassen, damit die Kleider auch bis Weihnachten fertig genäht werden konnten. Am Weihnachtsmorgen kam die Familie ins Schloss und wurde von den Prinzen und Prinzessinnen reich beschenkt, was sowohl den armen Kindern als auch den Prinzessinnen große Freude machte.

Weihnachten bei Kaiserin Elisabeth und ihrer Familie in Wien: Auch hier kannst du die vielen Weihnachtsbäume auf jedem Tisch erkennen. In der Mitte stehen Kaiser Franz Joseph und seine Frau Sisi, ganz links ihre Tochter Marie Valerie, ganz rechts ihr Sohn Rudolf mit seiner Frau und vorne deren Tochter Elisabeth oder auch Erszi genannt.

Die Kinder von Kronprinz Rupprecht und seiner zweiten Frau Antonia: Prinzessin Editha, Prinzessin Irmingard und Prinz Heinrich freuen sich über ihre Weihnachtsgeschenke.

Weihnachten selbst war dann ein großes Fest mit allen Familienmitgliedern. Bei der königlichen Familie war es Sitte, nicht nur einen Christbaum aufzustellen, sondern für jeden Prinz und jede Prinzessin einen eigenen. Prinz Leopold erinnert sich: „Auf jedem der vier Ecken (des festlich eingedeckten Billardtisches, d. V.) stand für jedes von uns Kindern ein eigener Christbaum, darunter die Geschenke, die uns stets so hoch erfreuten. An kleinen Tischen fand die Bescherung der Herren und Damen des Hauses statt. In den angrenzenden Zimmern bescherte uns dann Großvater (Ludwig I.), und die Onkeln und Tanten sich gegenseitig und uns Kinder."

Die Kinderfrau der Prinzessinnen Wiltrud und Helmtrud schreibt über Weihnachten im Hause von Ludwig III.: „Die Kinder durften mitfahren die Sachen für den Baum herrichten. Der Weihnachtsabend war im Hause (Wittelsbach) nur kurz, da man in die Residenz fuhr, wo die Bescherung beim Großpapa (Prinzregent Luitpold, d. V.) war. Abends 1/4 9 Uhr gingen die Kinder zu Bett. Sehr vergnügt über all die Geschenke: Puppenhaus, Büffet mit Serviere, Waschmaschine, Windmaschine, Spiele, drei bis vier Bilderbücher, Malsachen, Lotto, eine spanische Wand. An Süßigkeiten nicht viel, ganz unbedeutend. Mir gaben die Kinder selbst verfertigte Spritzarbeiten auf Holzschächtelchen. Sie übergaben es mir mit soviel Liebe und Herzlichkeit. Prinzeß Adelgunde und Prinzeß Maria beschenkten jede ein armes Kind, sehr reichlich. Die (armen) Kinder waren bei der Bescherung dabei und freuten sich des Zuschauens."

Aber nicht immer bekamen die Prinzen und Prinzessinnen alles, was sie sich wünschten: An Weihnachten durften alle Gaben nur so groß sein, dass sie auf dem Gabentisch Platz hatten. Aus diesem Grund bekam Prinz Otto einmal zu seiner großen Enttäuschung nicht das Pferd, das er sich so sehr gewünscht hatte.

Und manchmal fiel Weihnachten fast ganz ins Wasser, bzw. dem Krieg zum Opfer: Weihnachten 1794 konnte Ludwig I. sein Leben lang nicht vergessen. Das Betreten des Großen Salons in dem von Vater Max erworbenen Venningschen Palast zu Mannheim war dem Achtjährigen streng verboten. Er wusste auch warum. Das Christkind sollte nicht gestört werden. Als der Vater gerade dabei war, die bunten Kugeln an den Weihnachtsbaum zu hängen, schlugen plötzlich andere Kugeln ein. Kanonenkugeln! Man wusste, sie stammen aus französischen Geschützen. Schnell flüchteten alle in den Keller. Erst nach Tagen schmückte Ludwigs Vater erneut den

S. K. H. Erbprinz Albrecht v. Bayern

Hier präsentiert Prinz Albrecht stolz sein Weihnachtsgeschenk: Ein Pferd! (Gut, dass Otto da schon ein alter Mann war und das nicht mehr mitbekam ...)

Christbaum. Ludwig strahlte über das ganze Gesicht. Von da an hießen die Christbaumkugeln bei ihm immer „Franzosenkugeln".

Am 2. Januar war es Brauch, den Christbaum abzuleeren. Nach dem Mittagessen durften die Kinder die ganzen vor Weihnachten selbst eingewickelten Bonbons und alles andere Essbare vom Baum abnehmen. Diese Süßigkeitenschlacht war natürlich ein großes Vergnügen für alle Prinzen und Prinzessinnen. Auch Heilig Drei König wurde festlich begangen. Prinzessin Wiltrud berichtet am 6. Januar 1896 in ihrem Tagebuch, dass sie Heilig Drei König gespielt haben: „Hildi war der Mohr. Gunderl der Sternträger. Wir die anderen zwei Könige. Baronin Wulffen ist die Bohnenkönigin geworden." Die Wahl des Bohnenkönigs oder der Bohnenkönigin ist auch ein alter Brauch: In einem Kuchen, der am Vorabend des Dreikönigstags gemeinsam gegessen wurde, wurde eine schwarze und eine weiße Bohne eingebacken. Der Finder der schwarzen Bohne war Bohnenkönig, der der weißen Bohne Bohnenkönigin. Die so Geehrten waren verpflichtet, ein Essen zu spendieren. Oder sie bekamen ein kleines Geschenk.

Als was verkleidete sich eine Prinzessin im Fasching?

Die Faschingszeit war für die meisten Prinzen und Prinzessinnen ein herrliches Vergnügen. Verkleiden gehörte ohnehin zu den Lieblingsspielen, auch wenn nicht Fasching war, und die meisten hatten eine große Kostümkiste. Und so wie du dich heute vielleicht als Prinzessin verkleidest, verkleidete sich eine Prinzessin zum Beispiel als Bauersfrau. Es gab viele Einladungen in der Faschingszeit, extra Kinderfeste und richtig große Hofbälle.

Die Kinderfrau Otti schreibt: „Heute war Nachmittags Einladung. Alles war maskiert. Trudi als Miesbacherin, Helmi als Fischerin (weißer Rock mit rotem Netz darüber, weiße Bluse mit genetztem Mieder, auf dem Kopf ein rotes Netz), Mathilde als Zigeunerin, Hilde als Rotkäppchen und Wolfgang als Pierot. Es wurde bei Zither getanzt und kleine Geschenke ausgeteilt. Zu einem Fest am Montag gingen die Kinder als Mond und Sternlein. Sie gefielen sehr, auch in ihrem Benehmen. Trudi ließ sich schnell ausziehen, sprang dann fort zu den Kindern, wie sie aber die Zahl derselben sah, so wurde sie verlegen, und der Mond stellte sich allein, bis ich mit dem Sternlein kam. Getanzt wäre unendlich viel geworden, doch hielt ich ein. Beide folgten aufs Wort, was sehr gefiel. Das Souper (Essen) durften sie mit den Kindern nehmen. Es gab Bratwürstel mit Kartoffel, Nudeln und Schinken. Es schmeckte allen ausgezeichnet, Helmi aß 3 Stück wegen des guten Geschmacks. Trudi überwand sich und aß Haut. Später schaute sie die Teller der Kinder nach, ob die auch die Haut aßen. Es gab allerlei Unterhaltungen für dieselben. ... Die Kinder waren sehr vergnügt, besprachen abends noch lange die Unterhaltung."

Ein andermal war Trudi ein „Mohrenkind", sie überraschte damit ihre Lehrerin. Oder Helmi ging als Soldat und Wolfgang als Bauersfrau!

Kronprinz Ludwig (II.) verkleidete sich zwar gerne, ging aber nur sehr ungern auf das traditionelle Kostümfest in der Residenz. Meistens war ein Sagen- oder Märchenmotiv das Motto, was ja eigentlich Ludwig hätte gefallen müssen. Aber er war sehr schüchtern und liebte keine großen Menschenansammlungen. In einem Jahr war das Motto die Zeit des Kurfürsten Max III., also damals etwa 100 Jahre früher (für uns heute vor 250 Jahren). Auch die Eltern von Ludwig (II.) verkleideten sich. Vater König Max - der das Verkleiden eigentlich überhaupt nicht leiden konnte - überwand sich und ging als Domino (das ist ein Herr mit schwarzem langem Umhang mit Kapuze). Luitpold (der Bruder von König Max) und Königin Marie spielten das Kurfürstenpaar Max III. und seine Frau Maria Anna, die nach ihrem Tode als die „Schwarze Frau" zum Familiengespenst der Wittelsbacher wurde. Marie trug ein Hermelinkleid mit pupursamtenem, goldbesticktem Überwurf, reich besetzt mit Diamanten, eine kleine Krone auf dem gepuderten Haar. Der 16-jährige Prinz Otto verkleidete sich als Page. Nur Ludwig fühlte sich nicht wohl, er musste das Bett hüten - was ihm aber gar nicht so viel ausmachte!

In einem Brief an seine frühere Kinderfrau schreibt er dazu: „In diesem Karneval werde ich höchstens einen der letzten Kammerbälle mitmachen dürfen, jedoch ohne zu tanzen, was meinem Halse durchaus schädlich wäre. ... Obwohl ich schon seit mehreren Wochen das Zimmer nicht verlassen darf, so bin ich doch froh und vergnügt; ich lese viel, was ich lieber habe denn alle Bälle ...."

Oben: Die Prinzen Leopold und sein jüngerer Bruder Arnulf und Freiherr von Washington (tatsächlich entfernt verwandt mit dem ersten amerikanischen Präsidenten) als Beduinen verkleidet.

Unten: Prinz Max (I.) als siebenjähriges Kind in türkischer Tracht mit einem „Mohrenknaben" und einem Papagei (1763).

Oben links: Prinz Otto als Page verkleidet.
Oben rechts: Die als Bauersfrau verkleideten Prinzessinnen Mathilde und Hildegard.
Unten: Prinzessin Clara in einem Renais-
sance-Kostüm (ca. 1882).

Wie sah ein ganz normaler Tag im Leben eines Prinzen und einer Prinzessin aus?

Fast alle bayerischen Prinzen und Prinzessinnen hatten einen genau geregelten Tagesablauf, der durch viel Lernen und wenig Freizeit bestimmt war. Je höher ein Prinz gestellt war, desto strenger wurde im Allgemeinen darauf geachtet, dass er seinen Tagesplan einhielt. Vor allem ein Kronprinz war nicht dazu geboren, Spaß im Leben zu haben, sondern so früh wie möglich zu lernen, was Pflicht und Verantwortung bedeutet. Der Tag begann damals für ein Königskind sehr früh.

Bei den Kindern von Prinzregent Luitpold, Ludwig, Leopold, Therese und Arnulf, wie auch bei deren Cousins, Kronprinz Ludwig (II.) und Otto, sah ein ganz normaler Tag in etwa so aus, wie ihn Prinz Leopold hier beschreibt: „Punkt fünf Uhr kam unser Lakai J. Gschwindt mit einem Lichte in der Hand laut räuspernd in unser Schlafzimmer, es war Zeit zum aufstehen. An Sonn- und Feiertagen durfte man 1 Stunde länger liegenbleiben, ein wonnevolles Gefühl."

Nach dem Waschen und Anziehen mussten die Kinder dann ohne Frühstück, oft noch im Dunkeln zwischen zwei Kerzen sitzend, lernen. Erst um halb acht Uhr gab

Die religiöse Erziehung und der Glaube an Gott spielten eine sehr wichtige Rolle im Leben der bayerischen Prinzen und Prinzessinnen. Die Erste Heilige Kommunion – hier die von Prinzessin Marie Gabrielle und Prinzessin Elisabeth – war ein großes Ereignis.

es Frühstück, bestehend aus Eichelkaffee und einer Kreuzer Semmel. „Nur wenn wir mit Mama frühstücken durften, was, wenn sie wohl war, die Regel bildete, gab sie jedem von uns ein Stück ihrer Brezel, was wir sehr zu schätzen wußten." Um acht Uhr begann dann der Unterricht nach einem genau festgelegten Stundenplan. Mittags gab es nur eine Kleinigkeit zu essen (beim so genannten Gabelfrühstück), dann folgte wieder Selbststudium, unterbrochen von einem zweistündigen Spaziergang, der bei jedem Wetter, egal ob Sturm, Regen oder Schnee, stattfand. Erst um vier Uhr nachmittags traf sich dann die ganze Familie zur Hauptmahlzeit. Danach mussten die Kinder Aufgaben machen, und schließlich und endlich hatten sie Freizeit bis abends gegen acht Uhr. Kurz vor dem Schlafengehen um neun Uhr traf man sich noch auf einen Familienplausch mit kleiner Verköstigung. Mit dem Zapfenstreich mussten die Kinder ins Bett. Auch davon erzählt Prinz Leopold selbst: „Damals ging noch allabendlich der Zapfenstreich, nur von Tambouren geschlagen, von der Hauptwache am Marienplatz aus durch die Straßen der Stadt nach den verschiedenen Kasernen – auch für uns das Zeichen zum Schlafengehen. Am Karfreitag waren Pfeifer dabei, an großen politischen Feiertagen besorgten es die vollständigen Musikkorps."

Der Tagesablauf der fünf- und siebenjährigen Prinzessinnen Wiltrud und Helmtrud sah normalerweise so aus: Um sechs Uhr aufstehen, Helmi bekam als Erstes ein Glas Milch, weil sie so wenig aß und so dünn war. Dann waschen, anziehen – was oft lange dauerte, weil Helmi so trödelte – danach kleines Frühstück mit der Kinderfrau Otti. Vormittags gingen die beiden Prinzessinnen mit Otti in den Wald spazieren oder in den Garten. Sie sammelten Pilze, ernteten Gemüse, fütterten die vielen Tiere und lernten dabei viel über Pflanzen und Tiere. Wenn irgendwo eine Baustelle war – zum Beispiel

Prinz Ludwig Ferdinand – in einem recht steif und kratzig wirkenden Anzug – bei seinen Aufgaben.

Vor allem die Kronprinzen mussten schon früh repräsentative Pflichten erfüllen. Hier siehst du Prinz Luitpold beim Abnehmen einer Militärparade, hinter ihm steht sein jüngerer Bruder Albrecht.

die Kapelle einen neuen Kirchturm bekam - durften die Prinzessinnen dort zuschauen. Das Mittagessen nahmen sie getrennt von der Familie ein, weil sie noch zu jung waren, um bei den „Großen" zu essen. Am Nachmittag hatten sie Lernstunde, am Anfang nur Schreiben, Lesen und Religion. Manchmal machten sie aber auch stattdessen einen Ausflug, oder sie gingen wieder in den Garten oder in den Wald. Ab und zu trafen sie dort zufällig ein paar von den älteren Geschwistern, die mit ihren Erziehern unterwegs waren. Am späten Nachmittag besuchten sie manchmal ihre Mutter in ihrem Malatelier

Prinzessinnen mit Lakaien im Gefolge.

„oben" im Schloss, oder sie durften mit ihr in den Pferdestall.

Ungefähr einmal in der Woche wurde abends gebadet, meistens kalt! Nach dem Abendessen, das wieder alleine mit der Kinderfrau stattfand, gingen die Prinzessinnen ins Bett.

Vorher wurde noch gebetet und sie bekamen etwas vorgelesen oder sangen gemeinsam ein paar Lieder.

Während des ganzen Tages waren Prinzen und Prinzessinnen nie ohne Aufsicht. Auch wenn sie mit Geschwistern oder Freunden spielten, war immer ein Erwachsener anwesend. Außerdem durften sich die königlichen Kinder natürlich nicht frei bewegen und hingehen, wo sie wollten.

„Für gewöhnlich gingen die Prinzessinnen in der Stadt selbst nicht zu Fuß durch die Straßen. Wenn es aber doch einmal vorkam, so war es strenge Hofvorschrift, dass dieselben, wenn sie sich nicht in Gesellschaft eines erwachsenen männlichen Verwandten befanden, von einer Hofdame begleitet und von einem Lakai in Livree (Dieneruniform)

I. R. H. Prinzessin Franz mit Prinzessin Maria u. Prinz Ludwig

Tiere gehörten ebenfalls zum alltäglichen Leben. Fast jede Prinzessin und jeder Prinz hatte ein Haustier.

gefolgt sein mussten. In Wien und in Berlin war man noch viel strenger: Den Damen der regierenden Häuser war es verboten, sich zu Fuß in der eigentlichen Stadt zu ergehen", schreibt Prinz Leopold in seinen Lebenserinnerungen.

 **Rezept Eichelkaffee:**

Im Herbst die zu Boden gefallenen Eicheln sammeln, die Schalen entfernen und die Früchte klein schneiden. In einer Pfanne rösten, aber nicht schwarz werden lassen. In einem Mörser zu grobem Pulver zerstoßen. Gut verschlossen aufbewahren. Auf eine Tasse Wasser gibt man einen gestrichenen Teelöffel des Pulvers. Kurz aufkochen, mit Zimt oder Kardamom würzen und mit Milch trinken. Dem Eichelkaffee kann man die doppelte Menge Roggenkaffee und etwas Zichorienkaffee zufügen. Man erhält einen wohlschmeckenden und gesunden Hauskaffee.

Was gab es bei einem Königskind zu essen?

In königlichem Hause gab es im Allgemeinen ein sehr einfaches Frühstück, dann ein „Gabelfrühstück" am späten Vormittag, eine aus mehreren Gängen bestehende Hauptmahlzeit am frühen Nachmittag (wobei die Kinder nicht automatisch auch mehrere Gänge zu essen bekamen) und ein Abendessen. Es wurde zwar selten von goldenen Tellern gegessen, aber immerhin von silbernen, und auch das Besteck war aus Silber. (Daher kommt übrigens die Bezeichnung, dass Adelige „blaues Blut" hätten. Durch das Silberbesteck – das sich ja nur Adelige leisten konnten – verfärbten sich manchmal die Lippen und der Mund bläulich, was dann so aussah, als hätte der- oder diejenige blaues Blut. Abgesehen davon töten die kleinen Silberpartikel schädliche Keime und Bazillen im Körper ab, weshalb Adelige angeblich besser vor ansteckenden Krankheiten geschützt waren.)

Wie ein ganz normales Mittagessen im Schloss ausgesehen hat, beschreibt Prinz Leopold: „Der tägliche Speisezettel war nach heutigen

Mittagstisch der kleinen Prinzen und Prinzessinnen mit ihren eigenen Hofdamen.

Begriffen recht reichhaltig, ich erinnere mich dessen genau. Es gab Suppe, dann eine kleine Vorspeise oder Ragout, Rindfleisch meist gesotten mit Sauce und Kompott, Gemüse mit Auflage, Braten mit Salat, eine warme, dann eine kalte Mehlspeise, Gefrorenes, Obst und Dessert, oft auch noch Kompott, Souperwein, Bier, Bordeaux, Rheinwein, nach Tisch Kaffee und Likör. Um unsere Mägen zu schonen, in erster Linie aber wohl, um uns an Enthaltsamkeit zu gewöhnen, durften wir aber, obwohl uns alles serviert wurde, nur Suppe, Rindfleisch, Gemüse, Braten und eine Mehlspeise zu uns nehmen. Zu trinken gab es für uns nur Wasser, nur an Freitagen, an denen den kirchlichen Vorschriften entsprechend gefastet wurde, bekamen wir einen Quart Bier."

König Ludwig III. war bekannt für seine Sparsamkeit, die sich auch im täglichen Speiseplan bemerkbar machte. Die Kinderfrau Otti erzählt, was es zum Mittagessen für die kleinen Prinzessinnen Wiltrud und Helmtrud gab: „geschnittene Nudelsuppe, Rindfleisch und Korallenschwämme (Pilze) (welche die Prinzessinnen aus dem Walde holten, wegen dem bitteren Geschmack ließ ich sie sie aber nicht essen), Blaukraut und Huhn und Gurken, dann Bandnudeln und Heidelbeercompott. Um sechs Uhr kamen die Gäste, es fand die kurze Begrüßung statt, die Kinder

Wenn die Töchter des Herzogs in Bayern mit den Söhnen des deutschen Kaisers kochen,
dann kann eigentlich nur Kaiserschmarrn dabei rauskommen!
Von links nach rechts: Prinzessin Marie Gabrielle in Bayern, Kronprinz Wilhelm von
Preußen, Prinzessin Sophie, Prinz Adalbert, Prinzessin Elisabeth, Prinz August Wilhelm
und Prinz Eitel Friedrich. Vorne sitzend: Prinz Oskar und Marie Gabrielles jüngere Brüder, Ludwig-Wilhelm und Franz Joseph.

gingen in ihr Zimmer, wo sie ihre Abendmahlzeit (Nudeln und Milch mit
,Schokolade) zu sich nahmen."

Egal, was auf den Tisch kam, die Prinzen und Prinzessinnen
mussten von allen ,Speisen nehmen. Die kleine Prinzessin Wiltrud konnte
Erbsen auf den Tod nicht ausstehen – aber darauf wurde keine Rücksicht
genommen. Immer wieder gab es Erbsen, und immer wieder weigerte sich
Prinzessin Wiltrud, sie zu essen. Zur ,Strafe bekam sie dann meistens
keine Nachspeise und keine Mehlspeise mehr. Prinzessin Trudi war mit
ihren sechs Jahren schon sehr stolz und stur. ,Sogar wenn es ihre Lieb-
lingsnachspeise gab – Indianerkrapfen (Bisquitkrapfen mit ,Schaum gefüllt
und mit Fruchtzucker glaciert) – verzichtete sie lieber und tat so, als

mache ihr das gar nichts aus, als von den gehassten Erbsen zu probieren. Die Kinderfrau Otti schreibt darüber in ihrem Tagebuch: „Mittags gab es Erbsen, Trudi bekam welche auf den Teller, mit der Weisung sie zu essen oder abzutreten; sie löste ihre Serviette, ging, aß nichts und sprach nichts."

„Mittags gab es Erbsen. Da machte Trudi große Geschichten. Sie sagte immer, sie könne sie nicht essen, man soll ihr 8 Tag nichts zu essen geben, dann könne sie es, oder ihr's eingeben."

„Mittag gab es Erbsen, wovon sie wieder nichts versuchte. Sie stand auf, sagte zu mir, ganz herzlich, ‚Adieu Otti' und verschwand. Alsbald schaute ich ihr nach, wo saß sie, im Ofenloch, neben einem Kohlensack, im Gesicht schwarz. Ich mußte ob des Anblicks wirklich lächeln, und sie machte noch eine lange Nase heraus. Ich ließ sie sitzen bis sie selbst genug hatte, und alsbald hüpfte sie heraus, ganz vergnügt."

Bei dem Kronprinzen Ludwig (II.) und seinem Bruder Otto ging die strenge Erziehung sogar noch weiter. Durch Arbeit und karges Essen wollte man die Prinzen zu Einfachheit und Mäßigung erziehen. Aus diesem Grund durften sie sich nie satt essen und mussten meist hungrig von der Tafel aufstehen. Einmal hat König Max Ludwig den Teller einfach mitten unter dem Essen weggezogen. Als Ludwig den Teller wiederhaben wollte, sagte sein Vater: „Immer wenn's am besten ist, soll man aufhören." Worauf der zwölfjährige Ludwig erwiderte: „Woher soll ich denn wissen wann's am

Aßen in Königshäusern sogar Pferde von fein gedeckten Tischen? Nein! Aber diese Szene passierte trotzdem wirklich. Das ist Cosa Rara, das Lieblingspferd von König Ludwig II. Es machte sich eines Tages heimlich über die Speisen des Königs her. Ludwig amüsierte sich darüber so sehr, dass er es von seinem Pferdeportraitisten Wilhelm Pfeiffer malen ließ.

besten war, wenn ich jetzt schon aufhören muss?" Beide Prinzen waren
deshalb froh, wenn ihnen von der treuen Wärterin Lisi, von mitleidigen
Hofdamen oder vom Küchenpersonal und Lakaien heimlich ein paar Bis-
sen zugesteckt wurden, was der Vater jedoch nie erfahren durfte. Dies
war nicht so schwierig, da König Max die Buben selten außerhalb der
Mahlzeiten sah und froh war, wenn er mit erzieherischen Belangen nicht
belästigt wurde. Abgesehen von der alltäglichen „Diät" waren noch zusätz-
liche Fasttage für die Prinzen bestimmt. Eine Hofdame ließ Ludwig des
Öfteren eine Tasse Kaffee zukommen, den der Kronprinz gerne trank,
aber nur selten bekam. Doch wurden diese heimlichen „Kaffeekränzchen"
entdeckt und strengstens verboten. Eine von Ludwigs Lieblingsspeisen
war „Hechtenkraut", eine Kreation aus gebackenem Hecht, Sauerkraut
und Krebsfleisch. Er war ja ein leidenschaftlicher Angler, und er aß auch
sehr gerne heimische Fischgerichte.

An diesem Tisch haben Platz genommen: Königin Marie (links im karierten
Umhang), daneben ihr Sohn Prinz Otto. Im Hintergrund stehen stumm die
Diener. Auch die Prinzen und Prinzessinnen durften am Tisch nur reden,
wenn sie dazu aufgefordert wurden. Versuche du mal, eine Mahlzeit so durch-
zuhalten!

Die Mahlzeiten waren oft die einzigen Momente des Tages, in denen zumindest die größeren Prinzen und Prinzessinnen ihre Eltern zu Gesicht bekamen. Die Kleinen aßen getrennt vom Rest der Familie mit ihrer Kinderfrau. Mit fast acht Jahren begann Prinzessin Helmtrud plötzlich schnell zu essen. Alle wunderten sich, was mit ihr los war, bis die Kinderfau Otti auf den Grund kam: Sie wollte sich schon mal an das schnell Essen gewöhnen, weil an der Tafel der Großen sehr schnell gegessen wurde.

Im April 1901, also mit nicht ganz zehn Jahren, durfte Prinzessin Gundelinde, die jüngste Tochter von König Ludwig III. (und jüngste Schwester von Helmtrud), zum ersten Mal bei der Hoftafel teilnehmen. Auf diesen Tag hatte sie sich schon lange gefreut, denn von ihren älteren Geschwistern wusste sie, dass man am Tisch der Erwachsenen viele Neuigkeiten erfährt. Aber schnell musste sie lernen, dass es nicht nur Vorteile hat, bei den „Großen" mitessen zu dürfen. Denn als sie Fett und Häute, vor denen sie sich ekelte, beiseitelegte, wurde sie zurechtgewiesen, dass sie das nun nicht mehr dürfe. Du würdest dich wahrscheinlich wehren, aber Prinzessin Gundelinde tat genau das Gegenteil. Sie sagte daraufhin zu ihrer Erzieherin: „Gebe mir von nun an alles, was ich nicht mag." Sie wollte üben, sich zu überwinden, Dinge zu essen, die ihr nicht schmeckten!

Prinz Leopold durfte schon mit sieben Jahren bei den Eltern mitessen: „Seitdem wir Erzieher hatten, durften wir täglich, ausgenommen bei den offiziellen, großen Diners, an der elterlichen Tafel teilnehmen. Der Hofstaat war ja ziemlich groß, auch waren stets einige Gäste geladen, so dass wir meist zu zwölft waren. Als einige Jahre später auch unsere zwei kleineren Geschwister mitaßen, waren es öfter mehr. Die regelmäßigen Gäste waren meist frühere Adjutanten Papas und andere Militärs, denen er nahestand." Von denen bekamen die Prinzen dann oft spannende Geschichten vom Krieg zu hören, wie etwa der Generalkapitän von Hohenhausen beim Rückzug aus Russland schwer verwundet gefangen genommen wurde. Beim Gefangenentransport erfroren ihm mehrere Zehen, die ihm dann mit einem Feldmesser und ohne Betäubung amputiert wurden!

Für Prinzen und Prinzessinnen war es alltäglich, dass ein Koch für sie die Speisen zubereitete und zum Essen mehrere Gänge serviert wurden. Deshalb war es eine besondere Freude, wenn es mal umgekehrt zuging. Als das deutsche Kaiserpaar mit seinen Kindern auf Schloss Tegernsee bei der

Familie von Herzog Carl Theodor zu Besuch war, machten die Prinzessinnen und Prinzen einmal zusammen einen Ausflug auf die Bodibergalm. Diese Jagdhütte gehörte der Herzogin und war sehr hübsch eingerichtet. Es gab Küchengeschirr und Wäsche, alles Nötige war vorhanden. So machte sich die Jugend gleich ans Kochen. Prinzessin Marie Gabrielle und der Kronprinz machten „Arme Ritter", die anderen Prinzen und Prinzessinnen verschiedene Arten von Schmarren, sowohl mit Salz, mit Zucker, mit Himbeeren und Johannisbeeren, so dass jeder nach seinem Geschmack essen konnte. Die Hofdamen und die übrige Dienerschaft wurde von den zehn- bis fünfzehnjährigen Prinzen und Prinzessinnen bedient und bekocht und durften sich um nichts kümmern. Das war für die Kaisersöhne und die Herzogstöchter, und auch für die Dienerschaft, ein großes Vergnügen.

 Kochanleitung „Arme Ritter" (für 2 Personen):

4 Scheiben Toastbrot
1 Ei
1 Becher Milch
50 g Butter
Zimt
Zucker

Die Eier in der Milch verquirlen. Die Brotscheiben gut darin einweichen lassen. Inzwischen die Butter in einer Pfanne schmelzen lassen. Die Brotscheiben in der Butter goldbraun braten, bis sie von beiden Seiten knusprig sind. Noch heiß mit Zucker und Zimt bestreuen und warm servieren.

In der Residenz in München gibt es drei ganze Räume mit Silbergeschirr, von welchem die königliche Familie ihre Ragouts, Korallenschwämme und Indianerkrapfen gegessen hat!

Mussten Prinzen und Prinzessinnen in die Schule gehen?

Wenn ein Königskind aus dem Babyalter raus war, wurde die Amme durch eine Kinderfrau ersetzt. Und wenn es in das Alter kam, wo man heutzutage in die Schule kommt, also mit ungefähr sechs Jahren, wurde die meist sehr lieb gewonnene Kinderfrau durch einen eher strengen Erzieher oder eine Erzieherin ersetzt. Zusätzlich wurde eine Reihe von Lehrern eingestellt, die zum Unterricht – der sehr früh morgens begann und sehr spät nachmittags endete – in das Schloss kamen, oft sogar fuhren die Lehrer mit in die Ferien und da ging der Unterricht weiter. In eine normale Schule mit anderen Kindern durfte ein Prinz oder eine Prinzessin normalerweise nicht gehen. Und Kindergärten wurden zu der Zeit überhaupt erst erfunden (es war die bayerische Prinzessin Charlotte, die sehr viel für die Verbreitung von Kindergärten tat), aber eher für arme Kinder.

Prinz Leopold erinnert sich, wie es war, als er und sein Bruder Ludwig (III.) sechs und sieben Jahre alt wurden: „Unser Leben erlitt natürlich eine gründliche Änderung. Zunächst wurde uns eine andere Wohnung zugewiesen."

Der älteste Bruder der Prinzessinnen Wiltrud und Helmtrud durfte ein „echtes" Gymnasium besuchen, das Maxgymnasium in München. Wer von den Schülern der Oberklasse 1886 ist wohl der echte Prinz? Rupprecht ist der Vierte von rechts in der obersten Reihe.

Prinz Leopold als junger Offizier.

Während die zwei jüngsten Geschwister in der alten Wohnung verblieben, kamen wir in die sonnigen Zimmer des zweiten Stockes im Kapellenhofe (der Residenz). Es wurde eine Türe hergestellt zur Tribüne des Herkulessaales, so dass wir über die Treppe, welche zu derselben führt, eine nähere Verbindung zur Wohnung der Eltern erhielten. Wir waren hier gut untergebracht. Auch hatte unser Erzieher seinem strengen Sinne gemäß ein kleines Zimmer als Arreststube bestimmt, welche aber nur ausnahmsweise benutzt wurde. Angenehm war es uns, dass die Wohnung unserer Vettern, der Königssöhne, ganz in der Nähe lag." Die „Vettern" waren die Königssöhne Ludwig (II.) und Otto.

In den Familien des Hochadels wurde bei der Erziehung strikt auf Etikette (das heißt, die Regeln, wie man sich in der adeligen Gesellschaft zu benehmen hat) geachtet. Kinder mussten ihre Eltern zum Beispiel siezen. Die kleinen Prinzen und Prinzessinnen sollten durch strenge Disziplin und umfassenden Lernstoff auf ihre späteren Pflichten vorbereitet werden.

Aber nicht so bei Herzog Max und Ludovica, den Eltern von Prinzessin Sisi und ihren sieben Geschwistern. Wenn der Herzog bei seinen Kindern vorbeischaute, war es, im Gegenteil, mit dem Lernen ganz vorbei. Dann erzählte er von seinen Reisen in ferne Länder und nahm die Kinder auf Wanderungen mit. Dabei legte Max durchaus Wert auf Ausbildung, nur war seine Vorstellung davon, WAS die Kinder lernen sollten, eben eine ungewöhnliche: Seine Kinder hatten zum Beispiel einen Lehrer, der nur dafür da war, ihnen richtig gehen und wandern beizubringen. Nach dem Vorbild der Schmetterlinge sollten sie einen schwebenden Schritt lernen. „Ich möchte nicht, dass ihr wie Königinnen umherstolziert. Ihr sollt so wenig wie möglich euch über die Erde schleifen, euch nur ein Beispiel vor Augen stellen: die Schmetterlinge."

Herzog Carl Theodor (oder „Gackl", Sisis Lieblingsbruder) wurde als Erwachsener Augenarzt und war der Wissenschaft immer sehr verbunden. So wurden auch seine Töchter, die Prinzessinnen Sophie, Elisabeth und Marie Gabrielle in diesem Sinne ernsthaft erzogen. Ihr Stundenplan musste immer einge-halten werden, da gab es keine Ausnahmen. Selbst wenn die Fa-milie auf Reisen ging, wurde im Zug unter-richtet! Und auch die im Stundenplan vor-gesehenen Spazier-gänge durften deshalb nicht ausfallen. Als Marie Gabrielle und Elisabeth zwölf und dreizehn Jahre alt waren, entschlossen sich die Eltern, sie zur weiteren Ausbil-dung in das Kloster Zangberg, eine Art Internat, zu schicken.

Die beiden Schwestern Marie Gabrielle und Elisabeth brachten mit ihren Streichen die klösterliche Ruhe im In-ternat oft durcheinander! Findest du sie auf dem Foto? Marie Gabrielle sitzt vorne neben der Oberin, Elisabeth steht in der Mitte dahinter.

Anfangs hatten die beiden Schwestern wirklich großes Heimweh. Aber bald gewöhnten sie sich an die vielen anderen Mädchen und das Treiben dort. Als Erwachsene bezeichnete Marie Gabrielle die sechs Jahre, die sie im Kloster verbrachte, als „grüne Insel in meinem Leben" und stattete den Klosterschwestern mit ihren Kindern öfter Besuche ab. Ihr eigenes Hochzeitskleid ließ sie sogar als Messgewand für die Zangberger Klosterkirche umnähen, und zum 80. Geburtstag der „Bonne Mère" schickte sie große Sendungen Blumen - japanische Rosen, Iris, Lilien und Päonien -, die noch jahrelang den Klostergarten verschönerten.

Insgesamt wurde mehr Wert auf die Ausbildung der Prinzen, vor allem auf die des Kronprinzen (der älteste Sohn, der mal die Krone tragen würde) gelegt, denn sie sollten ja mal fähig sein, ein Land zu regieren und unter Umständen Krieg zu führen. Entsprechend mussten sie schon als Buben eine militärische Ausbildung absolvieren und reiten und schießen lernen. Für die zweit- und drittgeborenen Buben war beruflich ohnehin eine militärische Laufbahn vorgesehen.

Zum Erzieher der Prinzen Ludwig (III.) und Leopold wurde Artilleriehauptmann Malaisé bestimmt. „Welches waren nun die Richtlinien Malaisés Erziehung? Ich glaube, sie lassen sich in wenigen Sätzen zusammenfassen: unbedingte und strengste Pflichterfüllung, militärische Pünktlichkeit und Ordnung in allen Dingen, Härte gegen sich selbst, Selbstüberwindung verbunden mit Stärkung der Willenskraft, sowie Milde und Rücksicht gegenüber anderen - besonders dem Dienstpersonal - Verehrung der Eltern und Liebe für das Vaterland. Mir war ja dies (militärische, d. V.) durchaus sympathisch, da es mir, seit ich denken konnte, ganz

Die jüngeren Kinder von Rupprecht hatten ihr eigenes Klassenzimmer im Schloss Berchtesgaden, ihrem damaligen Wohnsitz. Dort wurden Prinzessin Irmingard und Prinz Heinrich von einem Privatlehrer unterrichtet.

jagen den Schmetterlingen nach.
Am Sonntage sehen wir die
Frohnleichnams = Prozession in
Lüssen. Alle Tage habe ich meine
Lernstunden wie in München. —
Mama läßt Dir danken für
den Brief u. Dich grüßen. Graf
la Rosée dankt für den Gruß,
u. läßt ihn freundlich erwidern,
ebenso auch Herr Klass. Ich bitte
Frau von Leonrod freundlich zu grüßen,
u. bin mit Liebe Dein
                        Ludwig.

Diesen wunderschön geschriebenen Brief verfasste Kronprinz Ludwig (II.)
kurz vor seinem neunten Geburtstag an seine Kinderfrau Sybilla Meilhaus. (Das ist eine alte Schreibschrift, vielleicht kannst du ja einige
Wörter trotzdem entziffern – oder du fragst mal deine Oma oder deinen
Opa, ob sie dir dabei helfen können.)

„Baum mit Schwan"-Zeichnung von dem 16-jährigen Kronprinzen Ludwig (II.).

unmöglich schien, etwas andres zu werden als **OFFIZIER**."
(Leopold in seinen Lebenserinnerungen.)
Auf dem Stundenplan standen Religion, Deutsch und Fremdsprachen: Latein, Italienisch (was die Kinder Ludwig (III.) und Leopold spielend von ihrer italienischen Mutter lernten), Englisch, aber vor allem Französisch,

was als die vornehmste Sprache galt. In adeligen Kreisen unterhielt man sich überwiegend auf Französisch, auch im bayerischen Königshaus.

Mit zehn Jahren konnte der Kronprinz Ludwig (II.) bereits seitenlange Briefe in französischer Sprache schreiben. Sie sehen aus wie gedruckt, so ordentlich sind die Buchstaben gestaltet. Es sind Briefe an seinen Vater erhalten, in denen Ludwig beteuert, fleißig zu sein und den Befehlen des Vaters zu gehorchen. Einmal, mit elf Jahren, sagte er acht lange Gedichte von Goethe, Schiller, Rückert und anderen auf, die er auswendig gelernt hatte. Dieses Training trug ganz bestimmt auch zu seinem guten Gedächtnis bei, von dem Zeitgenossen übereinstimmend berichten. Er konnte ganze Abschnitte von Theaterstücken zitieren.

Später kamen noch die Unterrichtsfächer höhere Mathematik, Physik, Chemie, Mechanik, Welt- und Kirchengeschichte, Kriegsführung, Philosophie, Rechtslehre, Nationalökonomie und Naturwissenschaften im Allgemeinen dazu. Die berühmtesten Gelehrten an den Hochschulen wurden ausgesucht, um die Prinzen in diesen Fächern zu unterrichten.

Die Mädchen wurden vor allem für ihren zukünftigen Ehemann ausgebildet. Sie sollten in der Lage sein, ihn gut zu unterhalten und geistreiche Gespräche mit ihm zu führen. So lag der Schwerpunkt ihrer Ausbildung eher auf Musik, Tanz und Sprachen, aber auch Geschichte.

Im Gegensatz zu Ludwig (II.) war Prinz Heinrich offensichtlich stolz auf seine erlegte Ente!

Die zwölfjährige Erzherzogin Marie Valerie, die jüngste Tochter von Sisi, lernte geduldig und auch interessiert alles über die Markgrafen von Österreich, Napoleon, Ludwig XIV., Kaiser Leopold und viele andere wichtige politische Persönlichkeiten und Ereignisse. Aber wie enttäuscht war sie, als ihr Lehrer – der auch noch „Kummer" hieß! – ihr eröffnete: „Kaiserliche Hoheit, da wir nun die Neuzeit vollendet haben, so werden wir sie nun wiederholen." Dabei hatte sich Marie Valerie so sehr darauf gefreut, etwas über ihren Vater Kaiser Franz Joseph von Österreich zu erfahren. In ihrem Tagebuch schreibt sie: „Ich hätte so gerne etwas von Papa gewußt, das heißt ich weiß, dass Papa Kaiser geworden ist, weil Großpapa für ihn auf den Thron verzichtet hat...." Aber mehr wusste sie eben auch nicht – und offenbar sollte sie auch nicht mehr erfahren.

Die Prinzessinnen Wiltrud und Helmtrud wurden schon früh in Handarbeiten wie Sticken und Stricken und in Kochen unterrichtet. Schon mit fünf Jahren durften sie in der Schlossküche oder auf ihrem Puppenherd Knödel machen oder Pilze braten. Sie verwendeten dabei oft das, was sie selbst vorher im Wald oder im Gewächshaus gepflückt hatten. „Normalen" Unterricht – Lesen, Schreiben, Rechnen – hatten sie natürlich auch. Mit den Buchstaben stand Wiltrud aber eher auf Kriegsfuß. Eines Morgens wachte Helmtrud sehr schlecht gelaunt auf. Sie erzählte ihrer Kinderfrau, dass sie geträumt habe, dass ihr die Buchstaben so groß wie

Menschen nachliefen, und weinend fügte sie hinzu: „Warum taten sie es nicht bei Trudel, die sie doch nicht ausstehen kann?!" Trudi fand Helmis Traum sehr lustig – endlich war mal nicht sie diejenige, die Angst vor Buchstaben hatte! –, sie hüpfte zu Helmi ins Bett, um sie noch necken zu können: „Ja, ja, das geschieht dir recht, du bist so ein Hasefuß."

Auch Künste wie Zeichnen und Malen nach Vorlagen und nach der Natur wurden geübt. Viele Prinzen und Prinzessinnen zeigten dabei großes Talent. Prinzessin Sisi war eine Tagträumerin, man musste sie an ihren Stuhl fesseln, denn sie war zu umtriebig, um ihre Hausaufgaben zu machen. Nur wenn sie Landschaften oder Pferde skizzierte, blieb sie ruhig sitzen.

Prinz Leopold mit seinen beiden ältesten Kindern, den Prinzessinnen Elisabeth und Auguste, die selbstverständlich im Damensitz reiten.

Tanzunterricht gehörte ebenfalls zum Pflichtprogramm, für Prinzessinnen ebenso wie für Prinzen. Prinz Leopold schreibt darüber: „Auch Tanzstunden bekamen wir mehrmals in der Woche durch den Ballettmeister Fenzl. An denselben nahmen auch die Cousine Sophie, die jüngste Tochter der Herzogin Max, damals schon ein reizender Backfisch, der fast genau in meinem Alter stand, und der jüngere Herzog Max Emanuel teil, später auch meine jüngeren Geschwister. Diese Stunden wurden mir unvergeßlich, ebenso das affektierte Hüpfen unserer lieben, alten Aja, der Baronin Palaus, wenn sie bei den Quadrillen als Dame aushalf – es sah unglaublich komisch aus."

Prinzessin Gundelinde fand ihren Tanzunterricht eher peinlich, weil sie dazu weiße, gewirkte Handschuhe anziehen musste. Noch dazu machten sich ihre Schwestern deshalb über sie lustig. Inständig flehte sie ihre

Kinderfrau an: „Ich bitte dich, nicht, die Schwestern sagen zu mir, wie ein Kirchendiener so unangenehm ist mir das."

Musik war ein fester Bestandteil des höfischen Lebens und auch des Unterrichts. Jeder Prinz und jede Prinzessin musste ein Instrument lernen, meistens Klavier. Dabei waren natürlich nicht alle gleich erfolgreich. Wie Ludwig II. liebte auch sein jüngerer Bruder Prinz Otto die Musik, aber sicher nicht so schwärmerisch wie Ludwig. Er mochte lieber leichte beschwingte Melodien, zum Beispiel Jaques Offenbachs Operetten. Im Klavierspiel brachte er es viel weiter als Ludwig. Zur Freude seines Bruders spielte er so gut, dass er ihm sogar Wagners Pilgerchor aus dem „Tannhäuser" vorspielen konnte, worum ihn Ludwig oft bat.

Prinzessin Marie Gabrielle war zwar sehr musikalisch und hatte eine wunderschöne glockenhelle Stimme, aber am Klavier war sie sehr unbegabt. Laut ihrem Musiklehrer ließ sie den Unterricht mehr schlecht als recht über sich ergehen. Sie quälte sich mehrere Jahre, ohne große Fortschritte zu machen und schließlich fragte sie ih-

Prinz Otto am Klavier.

ren Lehrer: „Glauben Sie, dass es einen Zweck hat den Unterricht fortzusetzen, da ich so ungeschickt bin?" Ihr Lehrer fragte zurück, ob sie denn an der Musik keine Freude hätte? Darauf antwortete sie: „Im Gegenteil, ich liebe Musik. Aber gerade weil das so ist, kommt mir mein Klavierspiel so greulich vor und am greulichsten, wenn ich daran denke, dass Sie das alles anhören müssen. Ich glaube, es ist vernünftiger, gute Musik zu hören, als schlechte Musik zu machen." Da konnte der Lehrer nicht anders, als zuzustimmen. Von da an war es umgekehrt: Der Lehrer saß am Klavier und spielte ihr vor. Sie selbst setzte sich nur noch an den Flügel, um die Stücke zu spielen, die ihr gefielen und die leicht genug waren.

Für Sisi war kein Hindernis zu hoch!   Aber auch eine hervorragende Reiterin
                                          wie sie war vor Stürzen nicht gefeit.

Die Bewegung spielte bei der Erziehung der bayerischen Prinzen und Prinzessinnen eine große Rolle. Fast alle mussten täglich, bei jedem Wetter, einen ein- bis zweistündigen Spaziergang machen. Turnen, Fechten, Schlittschuhlaufen und Schwimmen standen auf dem Stundenplan. Und besonders das Reiten war Teil des allgemeinen Pflichtprogramms. Damals ritten die Mädchen und Damen noch im so genannten „Damensitz", das heißt beide Beine waren auf einer Seite des Pferdes.

König Otto von Griechenland schenkte seinen Neffen Ludwig (II.), Otto, Ludwig (III.) und Leopold je ein kleines braunes griechisches Rapp-Pony. Prinz Leopold erinnert sich: „…die ersten Reitversuche auf denselben wurden in der kleinen hölzernen Reitschule des Herzog Max in der jetzigen Von-der-Tann-Straße unter Anleitung von Papas Stallmeister Kolb gemacht, wobei einmal der eine, einmal der andere von uns zur gegebenen Zeit in die Lohe fiel. Auch einen kleinen Wagen bekamen wir, von dem aus wir diese lieben Tierchen kutschierten."

Sisis Vater Herzog Max legte besonderen Wert auf die Reitausbildung seiner Kinder. Anmutig und fest gewachsen wie kleine Zirkusprinzessinnen sollten die Kinder im Sattel sitzen. Prinzessin Sisi zeigte das

Oben: In seiner hauseigenen Zirkusmanege trat Herzog Max in Bayern oft
selbst, auf zwei Pferden stehend, als
Kunstreiter auf. Seine Kinder waren
das Publikum und klatschten ihm begeistert Beifall.
Unten: Dieses Pferd von Prinz Albrecht
war ein Weihnachtsgeschenk.

größte Talent und konnte schon
bald artistische Kunststücke auf
dem Rücken der Pferde vollfüh-
ren – sehr zum Stolz des Vaters! „Wanns wir nit Prinzen
wär'n, wär'n mer Kunstreiter
wor'n", sagte Max einmal zu
Sisi. In einen Innenhof ihres
Wohnhauses in München, dem

Herzog-Max-Palais, ließ Max eine richtige kleine Zirkusmanege einbauen. Mit Logenplätzen und Sperrsitzen und Zeltdach. Da ließ er dann Hirschkühe über Barrieren springen, führte Tanzparodien und Reiterquadrillen auf. Als Kaiserin von Österreich war Sisi die leidenschaftlichste, beste und mutigste Reiterin ihrer Zeit. Sie machte wilde und zum Teil sehr gefährliche Jagden und Pferderennen in England und Frankreich mit. Dabei stürzte sie einmal so schwer, dass sie tagelang bewusstlos war.

Auch Prinzessin Marie Gabrielle war, wie ihre Tante Sisi, eine sehr sportliche Prinzessin. Sie war eine hervorragende Reiterin - schließlich war ihr Vater, der Bruder von Sisi, ihr Lehrer! - und Bergsteigerin. Außerdem war sie eine ausdauernde und kühne Schwimmerin, konnte rudern und segeln, selbst bei schlechtem Wetter, spielte Tennis und war eine ausgezeichnete Turnerin. Dem Radsport, der damals noch ganz neu war, stand sie erst skeptisch gegenüber, weil sie das Radeln zu ungraziös fand. Als sie aber einmal damit angefangen hatte, verging kaum mehr ein Tag ohne eine Radtour, vor allem auf der neuen, gut gepflegten Straße zwischen Kreuth, dem Jagdaufenthaltsort der Familie, und Tegernsee, dem Sommerwohnsitz.

Ludwig II. war, wie die nur wenig ältere Sisi, ein begnadeter Reiter und liebte die Pferde sehr. In einer seiner Berghütten hängen nur Gemälde von seinen Lieblingspferden. Sein Bruder Prinz Otto hingegen liebte mehr das Schießen und die Jagd - was Ludwig zuwider war. Einmal, als Otto und Ludwig beim Förster in Obermenzing zur Hasenjagd erschienen, kam Ludwig in Trauerkleidung, da er den Tod der Hasen gleich im Voraus betrauerte. Er schoss in die Luft und meinte, vom Förster daraufhin angesprochen: „Was hat mir der Hase getan, dass ich ihn erschießen soll?"

☞ Gefällt dir die Tour von der Jagdresidenz zum Sommerwohnsitz auch so wie Prinzessin Marie Gabrielle? Auf einer Radltour von Kreuth nach Tegernsee kannst du das herausfinden!

Hatte ein Königskind die Taschen voller Gold und Silber?

Zur Erziehung in einer königlichen Familie gehörte auch der Umgang mit Geld. So bekamen ein Prinz und eine Prinzessin, wie du heute, Taschengeld. Das sollten sie aber nicht nur für sich selbst ausgeben, sondern auch Geschenke davon machen und Almosen verteilen, das heißt, armen Menschen etwas davon abgeben.

„Wir erhielten ein kleines Taschengeld, von welchem die kleinen Toiletteartikel und die zu gebenden kleinen Geschenke bestritten werden mussten. Auch hielt Mama streng darauf, dass wir davon den entsprechenden Teil als Almosen spendeten. Allwöchentlich einmal kam eine arme Familie, der wir dann persönlich Brot, Fleisch und Gemüse gaben", erinnert sich Prinz Leopold.

Als Kind bekam selbst Kronprinz Ludwig (II.) nur sehr knapp Taschengeld, über das er auch noch genau Buch führen musste. Seine Ausgaben bestanden aus Almosen aller Art und Geschenken für Bruder, Mutter, Vettern, Freunde, die Damen seiner Mutter, Süßigkeiten, vor allem Bonbons, auch Schokolade, Brot für die Hirsche, Schwäne und Fische in Nymphenburg oder Bleisoldaten für den Bruder Otto. Auch die Eintrittskarten ins Hoftheater musste er aus eigener Tasche bezahlen. Das meiste Geld aber gab er zeit seines Lebens für Weihnachtsgeschenke – und über-

Für Blumen gab Prinzessin Marie Gabrielle schon als Kind am liebsten ihr Geld aus.

haupt für Geschenke – aus. Im Jahr 1862, also mit 17 Jahren, überschritt er sein Budget an Weihnachten um 300 Gulden (bei einem monatlichen Taschengeld von zwölf Gulden)! Je älter Ludwig wurde, desto höher wurden die Ausgaben für Geschenke. Ein Jahr später, mit 18 Jahren, beschenkte er schon alleine den Bruder im Wert von 115 Gulden. Später gab Ludwig an Weihnachten 300 000 Mark für Geschenke aus!

Der zwölfjährige Prinz Otto sammelte die Speisekarten, die bei den Mahlzeiten der Königsfamilie auf dem Tisch ausgelegt wurden. Diese Sammelleidenschaft dauerte etwa vier Jahre. So lange, bis Ottos Bruder Ludwig König wurde. Von da an bekam Otto endlich mehr Geld, so dass er sich selbst Papier kaufen konnte. Denn hauptsächlich zum Malen und Schreiben hatte er die Speisekarten aufgehoben, wie seine Notizen und Skizzen auf ihnen beweisen. Als er einmal etwas Teures kaufen wollte, so wird erzählt, besuchte er heimlich einen Münchner Zahnarzt und versuchte ihn zu überreden, ihm zwei Backenzähne zu ziehen. Glücklicherwei-

So sahen die Münzen zur damaligen Zeit aus.

se ohne Erfolg! Der Grund war: Otto hatte erfahren, dass man für gesunde Zähne einiges Geld erhalten würde. Durch die Sparsamkeitserziehung lernten die Prinzen aber nicht, wie beabsichtigt, richtig mit Geld umzugehen, sondern sie sehnten sich umso mehr nach dem Tag, an dem sie selbst über ihr Geld bestimmen konnten. Nur zehn Tage, nachdem Ludwig König geworden war, befahl er: „Es ist mein Wille, dass jegliche übertriebene Sparsamkeit und Knauserei ende."

Bei den Töchtern von Herzog Carl Theodor gab es jeden Monat eine ernste Stunde: die der Abrechnung. Die Prinzessinnen Sophie, Elisabeth und Marie Gabrielle fanden die Buchführung über ihre Ausgaben allerdings höchst uninteressant, und so waren diese monatlichen Abrechnungen auch für ihre Hofdame Marie Freiin von Redwitz sehr mühsam. Prinzessin Elisabeth zeigte dabei noch am meisten guten Willen, während Marie Gabrielle in Geldangelenheiten ganz unbelehrbar blieb. Alle drei Prinzessinnen gaben zwar nicht viel für Toilette (Kosmetik etc.) und

Kleider aus, dafür umso mehr für kleinere und große Wünsche, schöne, nutzlose Dinge und Geschenke. Meistens hatten sie am Ende des Monats mehr ausgegeben, als sie durften. Deshalb musste Freiin von Redwitz Marie Gabrielle einmal eine große Strafpredigt darüber halten, wie wichtig es sei, mit seinen beschränkten Mitteln gut zu haushalten. Marie Gabrielle versprach, sich zu bessern und schien ganz zerknirscht. Während die Hofdame noch mit den anderen Schwestern rechnete, ging Marie Gabrielle mit Fräulein Kolb in die Stadt und kam bald triumphierend mit einem Büschel schöner künstlerischer Blütenzweige zurück. Sie erklärte, dass sie einfach nicht widerstehen hätte können, und außerdem seien die Zweige ganz billig gewesen. Dabei strahlte sie so vor Freude, dass man ihr kaum böse sein konnte. Laut Marie Freiin von Redwitz hatten leider die wenigsten Hoheiten einen Begriff vom Wert des Geldes und konnten sich deshalb auch schlecht in die Lage anderer versetzen.

Fuhr eine Königsfamilie in den Urlaub?

Eigentliche Ferien, wie es sie heute gibt, kannte man damals nicht. Unterrichtsfrei war nur an den kirchlichen Feiertagen: An Ostern vom Gründonnerstag bis zum Ostermontag und an Weihnachten. Am Vormittag des 24. Dezember wurde noch gelernt, dann war frei bis zum 26. Dezember. Nur im Herbst wurde der Unterricht für 14 Tage unterbrochen. Aber auch für diese Zeit gab es in der Familie von Prinz Ludwig und Leopold einen festen Plan. Die Zeit wurde genutzt, um die Heimat kennen zu lernen. In den Herbstferien gingen die Prinzen mit ihrem Erzieher auf Wanderschaft. Das sah dann so aus, wie wenn kleine Soldaten ins Gelände schwärmten. Derbe Marschstiefel an den Füßen, die Feldflasche und eine Proviantasche umgehängt, so marschierten die Kinder tagelang und fielen abends todmüde in Bauernwirtshäusern ins Bett. Abgesehen von die-

Der Bodensee war für die Kinder von Prinzregent Luitpold, Ludwig (III.), Leopold, Therese und Arnulf, ein
Sommerparadies.

sem körperlichen Training sollten die Prinzen die Naturschönheiten und die wichtigsten Baudenkmäler Bayerns kennen lernen. Oft waren die Märsche für die Kinder aber so anstrengend, dass sie vor lauter Müdigkeit, Hunger und Durst keinen Blick mehr für die Schönheit der Natur und der Kunst übrighatten. Die Eisenbahn als neueste Errungenschaft brachte die jungen Prinzen zu technischen Betrieben, zu den Industrieunternehmungen im württembergischen Aalen und im bayerischen Ludwigshafen. Einmal stand auch eine Besichtigung des Ludwig-Donau-Main-Kanals an, den Prinz Ludwig (III.) ein Leben lang nicht vergaß.

Das Reisen war damals viel beschwerlicher und langwieriger als heute. Deshalb wurden die Ferien meistens in der Nähe auf dem Land verbracht. Alle Angehörigen der königlichen Familie besaßen Sommerwohnsitze. Die Familie von Prinzregent Luitpold fuhr gerne in ihre Villa Amsee am Bodensee. Der Unterricht ging dort weiter, aber er war deutlich kürzer als in der Stadt, weil nur wenige Lehrer mitfahren konnten. Dafür mussten die Prinzen mehr Hausaufgaben machen. Ludwig, Leopold, Therese und Arnulf genossen die Wochen dort trotzdem sehr. Sie verbrachten ihre Freizeit in ihrem Gemüsegarten, den sie fleißig bearbeiteten, oder am Sandstrand des Sees, der gleich unterhalb der Gartenmauer begann. Da bargen sie vom Sturm angeschwemmtes Holz und fanden viele, zugleich mit dem Holz angeschwemmte, übelriechende, tote Fische. Lieber als die toten Fische hatten sie allerdings die lebendigen, die sie mit der Stopselangel mit Wurm vom Steg aus angelten. Aber egal, ob das Wetter ruhig und der See glatt war, oder ob bei Sturm die Brandungswellen heranwallten, die Prinzen fanden es gleich schön.

Der junge Kronprinz Ludwig (II.) genoss den jährlichen Sommeraufenthalt in dem zwischen Bergen und Seen herrlich gelegenen Schloss Hohenschwangau. In seinen Briefen an den Großvater, König Ludwig I., schildert er regelmäßig seine Erlebnisse: „Vorigen Montag kamen wir hier an, nachdem wir acht Tage in Nymphenburg gewohnt hatten. Anfangs war die Witterung zu größeren Partien nicht günstig; nachdem es aber gestern schön geworden war, durften wir zu unserer großen Freude den Säuling besteigen. Wir verließen mit der Mutter Hohenschwangau um 9 Uhr und gelangten gegen 1 Uhr auf die Spitze desselben, die eine sehr schöne Aussicht bietet; unter anderem sieht man München und die Ortlerspitze. Um 4 Uhr machten wir uns auf den Rückweg und waren um 7 Uhr wieder in der Ebene, ohne dass selbst Otto sich übermüdet fühlte."

Oder am 22. August 1861: „Wir bringen hier unsere Vakanz recht angenehm zu und benützten die schönen Tage teils zu Ausflügen, teils zum Fischen im Alpsee, dessen klares, mildes Wasser uns auch zum Schwimmen sehr angenehm ist.... Neulich fing ich einen achtpfündigen Hecht, was mich so freute, dass ich ihn durch Albert (den Hoffotografen, d. V.), der sich gerade hier befand, photographieren ließ."

Zuweilen hielt sich die Königsfamilie während des Sommers auch in Berchtesgaden auf. Von hier aus berichtet Ludwig seinem Großvater, Ludwig I., am 21. August 1858: „Hier unterhalten wir uns sehr gut, indem wir viel Spazierengehen und zuweilen Vögel - besonders Neuntöter - schießen. Wir machten auch schon einige hübsche Ausflüge an den Obersee, die Eiskapelle und nach Wimbach. Außerdem bestiegen wir die Scharitzkehl- und Königstalalpe, von welcher man eine sehr schöne Aussicht hat."

Wenn auf große Reisen gegangen wurde, dann fuhren die Eltern meistens ohne die Kinder. Oft ließen sie ihre Kinder monatelang allein. Man brauchte damals schon Wochen, um zu einem weiter entfernten Land zu kommen, denn Flugzeuge gab es noch nicht, auch Zug fahren war über weite Strecken noch nicht möglich, und Autos gab es erst gegen Ende des Königreiches. Also wurde der meiste Teil des Weges mit der Pferdekutsche oder dem Schiff zurückgelegt. Zu kürzer entfernten Reisezielen, zum Beispiel zu Verwandten nach Berlin, Österreich, Italien oder in die Schweiz, wurden die Prinzen und Prinzessinnen manchmal mitgenommen.

Gut, dass der Hoffotograf gerade in der Nähe war. Sonst könnten wir heute nicht Ludwigs achtpfündigen Hecht bestaunen.

Prinzessin Auguste, die Mutter von Prinz Ludwig (III.), Leopold, Therese und Arnulf, war lungenkrank. Im Winter 1854/55 suchte Auguste deshalb in Italien Erholung. Sie reiste mit ihren Kindern, dem kaum zehnjährigen Ludwig, dem bald neunjährigen Leopold, der eben erst vierjährigen Therese und dem zweijährigen Arnulf. Die Erzieher kamen auch mit: der eine von ihnen musste sich zwischen Ludwig und Leopold setzen, um zu verhindern, dass die Kinder auf der langen Reise zu streiten anfangen würden. In drei Reisewagen ging es auf holperigen Straßen in Richtung Süden. In Modena begrüßte Tante Adelgunde, die Franz V., den Herzog von Modena, geheiratet hatte, die Reisegesellschaft. In Florenz beschäftigte sich der Großvater Leopold II., Großherzog von Toskana, viel mit den Kindern.

König Alfons von Spanien und Prinz Ludwig Ferdinand im „großen Reisewagen" vor Schloss Nymphenburg.

Die Bayerische Ludwigsbahn bei ihrer ersten Fahrt im Jahr 1835. Das war ein großes und aufregendes Ereignis für die Menschen damals, die bis dahin nur Pferdekutschen als Fortbewegungsmittel kannten.

☞ Im Eisenbahnmuseum in Nürnberg kannst du den „Adler" besichtigen. Diese Dampflokomotive war die erste Lokomotive, die in Deutschland erfolgreich gefahren ist. Sie wurde auf Bestellung von britischen Eisenbahnpionieren konstruiert und für den Betrieb zwischen Nürnberg und Fürth geliefert. Wenn du schon in Nürnberg bist, kannst du dir auch noch den Ludwig-Donau-Main-Kanal anschauen – wie die Prinzen Ludwig und Leopold damals.

☞ Möchtest du wie Ludwig II. eine große Bergtour auf den Säuling (2047 m hoch) machen? Das geht so: Ausgangspunkt ist der Große Parkplatz in Hohenschwangau (825 Meter hoch). Die Route verläuft vom Parkplatz zur Marienbrücke und weiter zur Wildsulzhütte. Weiter geht's zum Säuling, zum Säulinghaus und nach Pilgerschroffen. Danach zurück zum Parkplatz über die Wildsulzhütte. (Die Tour dauert etwa sechs Stunden).

☞ Ob Obersee, Wimbach oder Scharitzkehl- und Königsalpe – für Wanderungen auf Ludwigs Spuren gibt es viele Möglichkeiten. Such dir eine aus!

Durfte eine Prinzessin ihren Traumprinzen heiraten?

Wenn ein Prinz und eine Prinzessin ins heiratsfähige Alter kamen, das war damals bei einem Mädchen schon ab ungefähr 15 Jahren, dann suchten die Eltern und Staatsminister eine Braut oder einen Bräutigam aus. Pläne dazu schmiedeten sie oft schon, wenn das Kind geboren wurde! Denn eine Ehe war in Adelskreisen meistens keine Liebesangelegenheit, sondern sollte dem Königreich Nutzen bringen und Verbindungen zwischen den Ländern schaffen oder stärken. Die „Vernunft" ging manchmal so weit, dass eine blutjunge 17-jährige Prinzessin mit einem 70-jährigen alten König verheiratet wurde.

Die Religionszugehörigkeit spielte ebenfalls eine große Rolle bei der Brautwahl. Manche Königshäuser waren toleranter als andere. Im katholischen Bayern waren die Könige meistens eher tolerant. Bis auf den letzten König, Ludwig III., hatten alle evangelische Prinzessinnen geheiratet und für sie sogar die ersten evangelischen Kirchen in Bayern gebaut. Umgekehrt war das nicht immer so unproblematisch.

Prinzessin Elise bekam zwar ihren Traumprinzen, aber leider keine Kinder - umso erstaunlicher für damalige Verhältnisse in Königshäusern, dass ihr Mann, König Wilhelm IV. von Preußen, trotzdem immer zu ihr hielt.

Prinzessin Elisabeth (genannt Elise, Halbschwester von Ludwig I.) heiratete den Mann ihres Herzens, Kronprinz Wilhelm (IV.) von Preußen. Dafür hatten die beiden aber vier Jahre lang kämpfen müssen, denn der Vater von Wilhelm wollte nur zustimmen, wenn Elisabeth vom katholischen zum evangelischen Glauben übertreten würde. Das wollte sie aber nicht. So begann ein zähes Ringen und Verhandeln, etliche Briefe gingen zwischen

Preußen und Bayern hin und her. Bis Elisabeth schließlich versprach, dann überzutreten, wenn für sie der richtige Zeitpunkt kommen würde. Damit gab sich Wilhelms Vater schließlich zufrieden und erlaubte die Hochzeit. Prinzessin Elisabeth zog nach Berlin. Ihr gefiel es dort gut, und sie wurde herzlich in die preußische Königsfamilie aufgenommen. Trotzdem hatte auch sie großes Heimweh nach Bayern und seiner schönen Landschaft. Um ihren Schmerz ein wenig zu lindern, ließ ihr Mann ihr eine richtig bayerisch aussehende Berghütte in den Garten bauen und stattete sie mit Geschirr aus, das mit bayerischen Landschaftsbildern bemalt war. Ob das was half? Elisabeth hielt auch ihr Versprechen und konvertierte an einem Buß- und Bettag sieben Jahre nach der Hochzeit mit ihrem Traumprinz. Für den Schwiegervater war das „der schönste Buß- und Bettag" seines Lebens.

Wenn alle Überredungskunst nichts half, dann wurde von der Prinzessin verlangt, sich ihrem Schicksal zu fügen und den Mann zu heiraten, den man für sie bestimmt hatte. Die meisten Prinzessinnen taten, was man ihnen sagte, auch wenn sie noch so unglücklich dabei waren. Aber ab und zu gab es eine Prinzessin, die sich traute, ihrem eigenen Willen zu folgen.

Die Enkelin von Sisi, Prinzessin Elisabeth (Tochter von Sisis Tochter Gisela und Prinz Leopold) verliebte sich in einen evangelischen Baron (Otto von Seefried auf Buttenheim). Sie wusste, dass ihre Eltern und ihre Großväter – der eine war der Kaiser von Österreich, der andere der Prinzregent Luitpold – ihr nie erlauben würden, ihn zu heiraten. Baron Otto von Seefried war zwar adelig, aber weit unter ihrem Stand und noch dazu war er evangelisch. Elisabeth und Otto wollten aber unbedingt heiraten, deshalb flohen sie heimlich, ohne dass irgend jemand davon wusste, nach Italien

Sisis Enkelin und Patentochter Prinzessin Elisabeth mit ihrem unter skandalösen Umständen angetrauten Ehemann Otto von Seefried auf Buttenheim. (Ihre Tochter wurde übrigens die Ehefrau von dem Prinz Adalbert, von dem du schon einiges gelesen hast.)

und schlossen dort den Bund fürs Leben. Elisabeths Mutter kam den beiden auf die Spur und folgte ihnen. In Mailand fand sie das Paar schließlich. Es war ein großer Skandal, und alle Zeitungen berichteten von der Flucht des Liebespaares. Die kaiserliche und königliche Familie war in heller Aufregung und furchtbar wütend auf Elisabeth. Aber schließlich, nach vielem Hin und Her und einem langen Entschuldigungsbrief von Otto, wurde den beiden doch verziehen. Nur der bayerische Großvater, Prinzregent Luitpold, blieb stur und wollte nichts mehr mit ihnen zu tun haben. Der österreichische Kaiser jedoch schenkte ihnen sogar ein Haus in der Nähe seines Schlosses in Wien, und dort lebten sie glücklich, bekamen vier Kinder und hatten viel Kontakt zum Groß- bzw. dann auch Urgroßvater Franz Joseph.

Wenn eine Prinzessin heiratete, musste sie fast immer zu dem Bräutigam ziehen. Oft lebte der in einem anderen Land oder zumindest in einer anderen Stadt. Sie verlor dann alle ihr nahestehenden Menschen aus den Augen, Eltern und Geschwister, Verwandte und vertraute Bedienstete. Über lange Zeit konnte sie dann nur noch durch Briefe in Kontakt bleiben, denn reisen konnte man damals nur mit der Pferdekutsche, das war umständlich und dauerte sehr lange. Viele Prinzessinnen hatten in der ersten Zeit ihrer Ehe großes Heimweh.

Sisi mit 16 Jahren.

Für Prinzessin Sisi war der Abschied von ihrem geliebten Bayern, ihren Geschwistern und Eltern besonders schwer. Denn sie wusste, dass es nun mit dem freien schönen Leben vorbei sein würde. Sie war jetzt keine unbedeutende bayerische Prinzessin mehr, sondern Kaiserin Elisabeth von Österreich, einem der mächtigsten Länder Europas. Und das mit 16 Jahren!

Sisis Reise von München nach Wien dauerte über drei Tage. Sie fuhr von Passau aus auf einem rosengeschmückten Dampfer die Donau hinunter. Jedes Mal, wenn der Dampfer anlegte, musste sie endlose Huldigungsreden anhören und dabei immer lächeln. Dabei war ihr nur zum Weinen zumute – und so stand die junge schöne Braut tränenüberströmt auf dem Schiff, das sie in ihr neues Leben als Ehefrau von Kaiser Franz Joseph I. von Österreich bringen würde, während ihr vom Ufer aus die Menschen fröhlich zujubelten. Zu ihrem Abschied schrieb Sisi ein Gedicht:

Lebet wohl ihr stillen Räume,
Lebe wohl, du altes Schloss.
Und ihr ersten Liebesträume,
Ruht so sanft in Seesschoß.
Lebet wohl, ihr kahlen Bäume,
Und ihr Sträucher, klein und
                              groß.
Treibt ihr wieder frische Keime,
Bin ich weit von diesem Schloss.

Die 16-jährige Prinzessin Sisi auf ihrer Fahrt in die neue fremde Heimat (hier in Nußdorf, nahe Wien). Auf dem Weg dorthin musste sie etliche Empfänge über sich ergehen lassen, denn jeder wollte die junge Braut sehen. Wie würde es dir gefallen, von so vielen Menschen bejubelt zu werden?

Mit im Gepäck hatte eine Braut die „Mitgift", oder wie man damals auf französisch sagte: ihr „Trousseau". Je höher ihr Rang, desto größer fiel dieser „Braut-schatz", den der Vater seiner Tochter mit in die Ehe gab, aus. Bei Prinzessin Sisi war das ein bisschen anders. Weil sie aus einer nicht sehr wohlhabenden herzoglichen Familie kam, schenkte ihr ihr Bräutigam Kaiser Franz Joseph I. vor der Hochzeit viele wertvolle Kleider und Schmuckstücke, damit Sisi und ihr Trousseau nicht arm aussähen. Denn ihm war bewusst, dass die Wiener Adelsgesellschaft die Braut nach dem Wert ihrer Mitgift beur-teilen würde. Trotzdem fiel Sisis Trousseau, der aus 17 großen und acht

Modezeichnung von Sisis Brautkleid.

kleinen Koffern bestand, verhältnismäßig bescheiden aus:

Die erste Gruppe des Brautschatzes bildeten der Schmuck, goldene Geräte und Kleinodien im stattlichen Wert von 100 000 Gulden. Fast alles davon waren die Geschenke von Franz Joseph und seiner Mutter. Die zweite Gruppe umfasste das Silber und hatte den für damalige Verhältnisse bescheidenen Wert von etwa 700 Gulden. Die umfangreichste Gruppe war die dritte und beinhaltete die Garderobe. Ihr durchaus ansehnlicher Wert betrug 50 000 Gulden. Aber auch hier war das kostbarste Stück, ein blauer Samtmantel mit Zobelbesatz und Zobelmuff, ein Geschenk des Bräutigams. Insgesamt hatte Sisi für kaiserliche Verhältnisse wenig anzuziehen. Sie besaß nur: vier Ballkleider (zwei weiße, ein rosafarbenes und eins in himmelblau mit weißen Rosen), 17 Schleppenkleider (darunter das Brautkleid), verschiedene Kleider aus Atlas und Tüll in den Lieblingsfarben Sisis, weiß und rosa, ein schwarzes Trauerkleid, 14 Kleider aus Seide, sechs Schlafröcke, 19 Sommerkleider, die der zeitgenössischen Mode gemäß größtenteils mit Blütenstickerei verziert waren, drei Krinolinen, (das sind ganz breite Unterröcke aus Draht, die die schlanke Taille Sisis betonten), dazu mehrere Korsetts und drei Spezialkorsetts fürs Reiten. Die Kleider wurden durch den passenden Putz - heute würde man sagen Accessoires - ergänzt. Für das Haar gab es zwölf so genannte Coiffuren aus Federn, Rosenblättern, Apfelblüten, Spitzen, Bändern und Perlen. In der Hand wurden Blumengarnituren und Blumenkränzchen getragen. Unter den 16 Hüten befanden sich rosa und weiße Federhüte, Spitzen- und Strohhüte, darunter ein mit einer Girlande aus Feldblüten geschmückter Gartenhut. Außerdem: sechs Mäntel und fünf Mantelets aus Samt und schwerem Tuch. An Unterwäsche

Das alles bekam eine Prinzessin mit in ihr neues Leben, wenn sie heiratete. Hier siehst du den Trousseau (die Aussteuer) der Prinzessin Mathilde, aufgebaut im Hofgartenzimmer ihrer Mutter Königin Therese.

verzeichnete das Inventar knapp 150 Hemden, teilweise aus Batist mit Valenciennespitzen, und über 30 Nachthemden. 168 Strümpfe überwiegend aus Seide, einige aus Wolle, zehn Nachtjäckchen aus Musselin und Seide, zwölf gestickte Nachthauben, drei Negligé-Häubchen aus gesticktem Musselin, 24 Halstücher, 72 Unterröcke aus Piqué, Seide und Flanell, 60 Beinkleider (Hosen), 24 Frisiermäntel und drei Badehemden. Erstaunlich war die Anzahl der Schuhe. In der Hauptsache handelte es sich um insgesamt 113 Paar, die aus Samt, Atlas oder Seide waren und deshalb nicht lange getragen werden konnten. An festen Schuhen gab es nur sechs Paar Lederstiefel.

Doch reichte diese Ausstattung nicht. Kaum in Wien angekommen, musste sich Sisi für 700 Gulden – den gesamten Gegenwert ihrer Silberausstattung – neue Schuhe kaufen. Der Grund: Die Kaiserin von Österreich durfte nach altem Brauch ihre Schuhe nur einen Tag lang tragen, dann wurden sie verschenkt. Sisi mochte diese Sitte gar nicht und hat sie später abgeschafft. Den Abschluss des Inventars bildete ein Sammelsurium von kleineren Gegenständen. Zwei Fächer, drei Paar Galoschen aus Gummi, aber auch zwei Regenschirme sowie sechs Sonnenschirme. Verzeichnet sind selbst Kämme, Kleiderbürsten, Schuhanzieher und Zahnbürsten und ein Karton mit Steck- und Haarnadeln, Bändern und Knöpfen.

☞ Wenn du einmal nach Potsdam kommst, kannst du ja das Schloss Charlottenhof besichtigen. Vielleicht entdeckst du dort ein Bild von Prinzessin Elisabeth und Kronprinz Wilhelm!

Durfte ein Prinz seine Märchenprinzessin heiraten?

Genauso wie eine Prinzessin musste auch ein Prinz bei der Wahl seiner Braut Rücksicht auf die Interessen seines Landes nehmen. Manchmal stand schon von Geburt an fest, wer die Zukünftige sein sollte, manchmal wurde er aus Gründen der Staatsraison gezwungen, eine ganz bestimmte Prinzessin zu heiraten, die er womöglich gar nicht kannte. Aber meistens hatte er immerhin die Wahl zwischen ein paar in Frage kommenden Prinzessinnen. Wenn die Eltern der Meinung waren, dass ihr Sohn nun langsam heiraten sollte, wurde er auf Brautschau geschickt. Das bedeutete, er reiste durchs Land und besuchte „ganz zufällig" verschiedene Königsfamilien, um sich ihre Töchter anzuschauen. Welche Töchter dafür in Frage kämen, wurde vorher von den Eltern und Ministern ausgesucht (die Prinzessinnen selbst hatten meistens keine Ahnung davon, was man mit ihnen vorhatte). Wenn schließlich eine passende Braut gefunden war, wurden erst Verhandlungen mit den Eltern der Braut über Mitgift und dergleichen geführt, die Minister sprachen sich dafür oder dagegen aus, und so ging es ein bisschen hin und her, bis alles geregelt war und die Hochzeit stattfinden konnte.

Hättest du gedacht, dass Prinzessin Gisela auf diesem Foto erst 13 Jahre alt ist?

Drei Jahre später war Gisela die Verlobte des zehn Jahre älteren Prinzen Leopold.

Die Verbindung zwischen dem bayerischen Prinz Leopold und der österreichischen Prinzessin Gisela wurde von Giselas Mutter, Kaiserin Sisi, eingefädelt. Als ihre Tochter noch nicht einmal 16 Jahre alt war, bot sie ihrem bayerischen Großneffen (Sohn ihres Cousins Luitpold) an, sie doch in Ungarn zu besuchen, um ihre Tochter kennen zu lernen. Leopold war bereits 25 Jahre alt und durchaus bereit, sich zu verheiraten, erst recht mit der Tochter des österreichischen Kaisers! Leopold wurde zum Frühstück und zum Mittagessen mit der Familie eingeladen und sie unternahmen einen gemeinsamen Ausflug auf die Margariteninsel zu einer heißen Schwefelquelle, die mehrere Meter aus der Erde sprang. Für Gisela sah alles nach einem harmlosen Vergnügen aus, und doch sollte in den nächsten Stunden eine Entscheidung über ihr und Leopolds zukünftiges Leben fallen. Vor dem Abendessen richtete es Kaiserin Sisi so ein, dass Leopold kurz alleine mit Gisela war. Er ergriff die Gelegenheit und

Die anmutige, aber nicht standesgemäße Braut, Prinzessin Marie Gabrielle.

bat Gisela um die Rose, die sie am Gürtel trug. Sie gab sie ihm, was er als Zeichen ihrer Zuneigung deutete. Daraufhin wagte er es und fragte sie, ob sie ihn heiraten wolle. In reizend kindlicher Weise gab sie ihm ihr Ja-Wort. So schnell konnte das manchmal gehen!

Es kam selten vor, dass sich ein Prinz oder eine Prinzessin gegen den Willen der Eltern durchsetzen konnten und den Menschen heiraten durften, den sie liebten. Aber manchmal gelang es doch. Prinz Rupprecht (der älteste Sohn von Ludwig III.) hatte sich unsterblich in die wunderschöne Prinzessin Marie Gabrielle verliebt. Sie war aber nur die Tochter von einem politisch wenig bedeutenden Herzog (Carl Theodor, Sisis Bruder, ein berühmter Augenarzt), deshalb erlaubte ihm sein Vater nicht, Marie Gabrielle zur Frau zu nehmen. Außerdem hatte sein Opa, der regierende Herrscher von Bayern, Prinzregent Luitpold, entschieden etwas gegen die Heirat, denn er hatte bereits andere Heiratspläne für seinen Enkel. Die Tante, die Großtante und die Mutter von Rupprecht waren aber auf seiner Seite. Sie versuchten mit allen Kräften, Ludwig und Luitpold zu überzeugen. Rupprechts Mutter Marie Therese ließ die Wutausbrüche ihres Mannes und ihres Schwiegervaters geduldig über sich ergehen und gab nicht auf. Es wurde wochenlang diskutiert, gestritten und verhandelt – bis schließlich die Liebe siegte, und der Prinzregent seine Zustimmung für Rupprechts Hochzeit am 10. Juli 1900 gab.

Die Prinzen blieben meist in ihrer Heimat. Der Thronfolger sollte ja in Zukunft das Land regieren, aber auch die anderen Prinzen übernahmen repräsentative oder militärische Aufgaben für ihr Land. Mit Spannung wurde sowohl vom Prinzen und der Königsfamilie als auch vom ganzen Volk die Ankunft der Braut erwartet. In einer festlichen Prozession zog die neue Prinzessin mit ihrem Gefolge in die Stadt ein. Die Straßen waren geschmückt, oft wurde extra ein Triumphbogen aus Blumen am Stadtrand aufgestellt, durch den die Prinzessin in

Festbankett mit König Ludwig II. anlässlich der Hochzeit von Prinz Leopold und Sisis Tochter Gisela. Nur die allerhöchsten Adeligen bekamen wirklich etwas zu essen. Die anderen (Mitglieder des Hofstaates) waren nur zum Zuschauen eingeladen. Auch das war damals üblich – und sogar eine Ehre!

ihrer ebenfalls festlich geschmückten Kutsche in die neue Heimat fuhr. Menschen säumten die Straßen, jubelten der neuen Prinzessin zu und versuchten, einen neugierigen Blick auf sie zu werfen, um zu sehen, ob sie wohl hübsch sei.

Den Einzug der österreichischen Prinzessin Gisela in München gestaltete König Ludwig II. höchstpersönlich und besonders feierlich. Schließlich war Gisela die Tochter der von ihm so verehrten Kaiserin Sisi. Gisela hatte bereits in Wien Ludwigs Cousin Prinz Leopold geheiratet und kam nun mit diesem in ihre neue Heimat nach München. Am Bahnhof wurden sie mit Regimentsmusik von Leopolds Vater und allen anderen Verwandten empfangen. Der Bahnhof und der ganze Weg bis zur Residenz war mit Girlanden und Flaggen geschmückt. König Ludwig hatte ihnen für die Fahrt seine goldene, extra für ihn nach eigenen Vorstellungen gebaute Prachtgalakutsche zur Verfügung gestellt. Sechs festlich geschmückte Pferde zogen die Kutsche durch die Straßen von München. (Es war übrigens das einzige Mal, dass diese Galakutsche benützt wurde!) Ihnen folgten die „Suiten" (das Gefolge) in eigenen Kutschen. Am

Die Hochzeit von Ludwig I. und Therese war der Ursprung des berühmten – na, hast du es schon erraten? – Oktoberfestes.

Fuße der schwarzen Treppe am Brunnenhof der Residenz wartete König Ludwig II., um die Braut zu empfangen. Im Schloss selbst fand der feierliche Empfang der königlichen Familie statt. Dann fuhr man in dichtem Schneegestöber weiter durch die Ludwigstraße und das Siegestor bis zu der Villa von Prinz Leopold in der Schwabinger Landstraße Nr. 6 (die heute nach eben diesem Leopold, und weil er dort wohnte, Leopoldstraße heißt). König Ludwig II. richtete in den folgenden Tagen noch viele Feierlichkeiten für das junge Hochzeitspaar aus: ein prunkvolles Bankett im Schloss, ein Festtheater, ein Familiendiner sowie eine ganz private Feier in seinem tropischen Wintergarten, den er dafür festlich beleuchten ließ. Dort machte das Paar eine Kahnfahrt auf dem kleinen See, den künstliche Wellen bewegten. Zum Abschluss der vielen Hochzeitsfeierlichkeiten wurde ein großer Ball gegeben.

Nach dem ersten Empfang durch den Bräutigam und seine Familie folgten die Hochzeitsfeierlichkeiten, die oft mehrere Tage dauerten. Am Anfang stand natürlich eine feierliche kirchliche Trauung, bei der die Braut ein kostbares Kleid – das damals nicht weiß, sondern meistens mit Silberfäden bestickt war – trug.

Ein bis heute berühmtes Hochzeitsfest feierten Ludwig I. und seine Braut, die Prinzessin Therese von Sachsen-Hildburghausen. Fünf Tage lang dauerten die Festlichkeiten im Oktober 1810. Am Tag nach der kirchlichen Trauung erstrahlte ganz München in einem Lichterglanz. Der ganze Hof und die Bevölkerung bestaunten die festliche Beleuchtung. Es folgten Feste mit Abendessen und Tanz in Gasthäusern, ein festlicher Ball im großen Opernsaal, auf dem Marienplatz wurden alle Münchner mit Semmelbrot, Schweizer Käse, gebratenem Schafffleisch, Cervelat-Würsten und geselchten Würsten, Bier und Wein bewirtet. Auf einem großen leeren Platz vor den Stadtmauern Münchens wurde für das Volk und das Königshaus ein Pferderennen der Nationalgarde-Kavallerie veranstaltet, zahlreiche Huldigungen fanden in diesem Rahmen statt. Der Braut zu Ehren gab man diesem Platz den Namen ‚Theresienwiese‘. Genau ein Jahr später, zum ersten Hochzeitstag, wiederholte man das Fest auf der Theresienwiese. Und so hielt man es das Jahr darauf und das Jahr darauf und das Jahr darauf. Bis heute.

☞ Wie du sicherlich weißt, gibt es das Oktoberfest noch heute. Es findet jedes Jahr von Ende September bis Anfang Oktober auf der Theresienwiese in München statt.

☞ Die Prachtgalakutsche, mit der Gisela und Leopold durch München gefahren sind, kannst du heute im Marstall des Schlosses Nymphenburg besichtigen. Vielleicht hast du auch Lust, die Strecke, die Prinzessin Gisela damals bei ihrem Einzug in München fuhr, nachzulaufen oder zu radeln!

Und, lebten sie glücklich und zufrieden?

Obwohl die meisten Ehen damals von den Eltern eingefädelt und befohlen wurden, ohne dass die Prinzen - und vor allem nicht die Prinzessinnen - mitreden durften, haben sich einige dieser mehr oder minder zwangsweise verbundenen Paare im Laufe der Zeit zu schätzen oder sogar zu lieben gelernt. Am unvorstellbarsten erschien das allerdings Prinzessin Auguste Amalie von Bayern, die die schönste Prinzessin ihrer Zeit gewesen sein soll. Sie sollte Eugen Beauharnais, den Stiefsohn des ihr verhassten Kaisers von Frankreich, Napoleon, heiraten, was für sie ein Alptraum war. Denn vor Napoleons Armeen musste sie als Kind mehrere Male fliehen und ihr Zuhause verlassen (sie war die Schwester von Ludwig I.). Sie wehrte sich mit Händen und Füßen gegen diese Hochzeit, schmollte und fiel in „langanhaltende Ohnmachten" - alles vergeblich. Auch Augustes Stiefmutter Königin Caroline kämpfte mit ganzem Herzen gegen diese Ehe, musste sich aber sagen lassen, dass sie als Stiefmutter gar nichts zu sagen hätte und man ihre Zustimmung auch nicht brauche. Max Joseph, Augustes Vater, war zwar auch nicht begeistert von der Idee, aber er wollte keine Schwierigkeiten mit dem mächtigen Kaiser der Franzosen. Außerdem versprach Napoleon Bayern viel Geld und das Land zum Königreich zu machen (bisher war es nur ein Kurfürstentum, deshalb hatten die Herrscher Bayerns vor Max I. seit 1623 den Titel „Kurfürst" und nicht „König"). Damit war die Entscheidung gefallen. Auguste musste sich in ihr Schicksal fügen und einen Mann heiraten, der für sie so furchterregend war wie der Sohn von einem Teufel. Ihre Stiefmutter Caroline war ebenfalls völlig verzweifelt: „Mein Herz ist zerrissen - ich bin von Schmerz gebrochen. Nun ist das geschehen, was ich am meisten gefürchtet hatte. Jetzt ist dieses unglückliche Kind geopfert. Weder meine Tränen noch alles, was ich seit Monaten getan habe, konnten sie retten."

Auguste und Eugen heirateten, Bayern wurde zum Königreich und Augustes Vater zum König Max I. Joseph von Bayern. Aber ausgerechnet

Auguste Amalie und Eugen Beauharnais führten dann eine sehr glückliche Ehe, bekamen fünf hübsche Kinder und lebten im von Leo von Klenze er-

bauten Leuchtenberg-palais am Odeonsplatz tatsächlich „glücklich und zufrieden bis an ihr Ende"! Das aller-dings kam schon bald: Eugen starb mit nur 43 Jahren, Augu-ste lebte noch fast ein halbes Jahrhundert. Nach ihrem Tod kauf-te König Ludwig I. das Palais für seinen Sohn Luitpold.

Prinz Leopold hatte diesbezüglich in jeder Hinsicht Glück. Seine Verbindung mit Gisela war von allen gewünscht. Er ver-liebte sich in sie, und auch die erst 16-jäh-rige Gisela fand gro-ßen Gefallen an dem feschen Offizier Leo-pold, der schon mit den höchsten bayerischen

Gisela und Leopold mit ihren vier Kindern: Elisabeth (links) und Auguste (rechts), Georg und der kleine Kon-rad sitzend.

Orden für seine Tapferkeit ausgezeichnet worden war. Sie heirateten und lebten glücklich und zufrieden mit ihren vier Kindern (Elisabeth, Auguste, Georg und Konrad) im Palais Leopold an der Schwabinger Landstraße Nr. 6 (an der Stelle stand einst das Gartenhaus der Königin Therese, das sie von ihrem Mann Ludwig I. geschenkt bekommen hatte; das Palais Leopold wurde im Zweiten Weltkrieg zerstört). Eine Querstraße von der

Leopoldstraße bekam den Namen „Giselastraße". Die ganze Familie ist in diesem Stadtteil in Straßennamen verewigt: Augusten-, Elisabeth-, Georgen- und Konradstraße. Und noch viele andere Wittelsbacher sind Paten für Straßennamen im ehemaligen Dorf Schwabing: Ludwig, Franz Joseph, Arnulf, Adalbert, Karl Theodor, Amalie, und viele andere.

Als Prinzessin Charlotte von Bayern (Schwester von Ludwig I.) 16 Jahre alt war, bewarb sich der Kronprinz von Württemberg um ihre Hand, das heißt, er fragte ihre Eltern, ob er sie heiraten dürfe. Allerdings nur, weil Napoleon, der mächtige Kaiser der Franzosen, das so wollte. Davon wusste Charlotte natürlich nichts. Sie war ein bescheidenes, vornehmes, sympathisches, kluges und religiöses Mädchen. So fügte sie sich gehorsam in die Entscheidung, obwohl sie ihren zukünftigen Bräutigam noch nie zuvor gesehen hatte. Nur ihr eigenes Aussehen machte ihr zu schaffen. Sie fand sich selber hässlich, weil sie Pockennarben hatte. Deshalb hatte sie furchtbare Angst, dass ihr Bräutigam sie abstoßend finden könnte, denn auch er hatte sie ja noch nie vorher gesehen (das kam damals oft vor, dass man sich vor der Hochzeit nur von Bildern kannte). Als sie ihn das erste Mal traf, nahm sie ihren ganzen Mut zusammen und erzählte ihm von ihrer Angst. Aber ihr zukünftiger Mann Wilhelm versicherte ihr, dass sie sich keine Sorgen machen müsse, ihr Aussehen sei für ihn nicht wichtig. Das stimmte aber nur insofern, als dass er eigentlich eine andere Frau liebte und Charlotte ihm in Wirklichkeit ziemlich egal war. Trotzdem wurde Hochzeit gefeiert. Alles war sehr feierlich. Zu Ehren des Brautpaares wurden alle Kirchenglocken der Stadt geläutet und Kanonenschüsse abgefeuert. Nur Wilhelm verhielt sich schon während der ganzen Feierlichkeiten eiskalt seiner Braut gegenüber, auch bei der glanzvollen Bootsfahrt in einer reich geschmückten Gondel auf dem festlich beleuchteten See im Nymphenburger Schlosspark kam keine romantische Stimmung auf. Und damit nicht genug, Wilhelm weigerte sich sogar, bei der Abfahrt aus München mit seiner Frau in einer Kutsche zu fahren. Und so abweisend und gemein blieb Wilhelm während der ganzen folgenden sechs Jahre ihrer Ehe. Sechs Jahre, in denen die arme Charlotte todunglücklich war. Dann wurde die Ehe annulliert, das heißt, man löste sie auf und tat so, als hätte es sie nie gegeben. Als Entschädigung bekam Charlotte wenigstens viel Geld. Charlotte zog zurück zu ihrem Vater nach München.

Er richtete ihr in der Residenz die Zimmer über dem Brunnenhof ein, die seitdem „Charlottenzimmer" heißen.

Mit ihrem zweiten Ehemann, dem österreichischen Kaiser Franz I., hatte sie mehr Glück. Er war zwar doppelt so alt (sie 24, er 48 Jahre) und sie war bereits seine vierte Ehefrau, aber er liebte sie für ihr umsorgendes Wesen und sie liebte ihn. Als Zeichen des Neubeginns änderte Charlotte nach der Hochzeit mit Franz ihren Namen und nannte sich von nun an Caroline Auguste. Die beiden erlebten noch sehr glückliche harmonische Jahre zusammen.

☞ Das Palais Leuchtenberg gilt als das größte Palais in München. Leider ist von der prunkvollen Ausstattung kaum noch etwas erhalten. Die wenigen wertvollen Stücke befinden sich jetzt in Schloss Nymphenburg, während der ehemalige Palast zum Bayerischen Staatsministerium der Finanzen umfunktioniert wurde.

☞ Das Dorf Schwabing ist wesentlich älter als die Stadt München selbst. Seinen Namen verdankt es vermutlich einem zugereisten Schwaben. Um die Wende vom 19. zum 20. Jahrhundert entwickelte sich der Stadtteil zum „Künstlerviertel" Münchens, in dem viele namhafte Personen verkehrten, zum Beispiel Joachim Ringelnatz und Lena Christ. Solltest du einmal dort spazieren gehen, so achte auf die Straßennamen, vielleicht erkennst du ja die Namen einiger Mitglieder der bayerischen Königsfamilie wieder.

☞ Die Charlottenzimmer in der Residenz München kannst du auch heute noch besichtigen, darin befinden sich die Einrichtungsgegenstände der damaligen Königsfamilie. Wenn du einmal in der Residenz bist, schaue unbedingt dort hinein, denn sie gehören zu den sehenswertesten Räumen in der Residenz. Vielleicht kannst du dir dann auch vorstellen, wie Prinzessin Charlotte in ihrem Musikzimmer auf der Harfe oder am Klavier gespielt hat.

Hatte ein Prinz oder eine Prinzessin einen Beruf?

Die Frage, womit man sich als Erwachsener die Zeit sinnvoll vertreiben sollte - Geldverdienen spielte keine Rolle, das bekamen die Adeligen vom Staat, also vom Volk - stellte sich, wenn überhaupt, nur für die männlichen Nachkommen. Prinzessinnen war es damals verboten, an einer Universität zu studieren und einen eigenen Beruf zu ergreifen. Sie wurden durch ihre Heirat zu Königinnen oder Kaiserinnen und ihre Hauptaufgabe war es, Kinder zu bekommen, vor allem Söhne, um die Thronfolge zu sichern. So manche Prinzessin gab sich damit aber nicht zufrieden, sondern mischte bei der Regierung des Landes entscheidend mit.

Prinzessin Sophie (eine Tochter von Königin Caroline und König Max I.) war eine ehrgeizige junge Frau. Sie heiratete den Bruder des österreichischen Kaisers nur, weil die Aussicht bestand, dass, wenn sie mit ihm einen Sohn bekommen würde, dieser einmal Kaiser von Österreich werden könnte. Und so kam es dann auch tatsächlich. Sophies ältester Sohn Franz wurde Kaiser Franz Joseph von Österreich. Als Kaiserinmutter wohnte sie mit ihrem Sohn in der Wiener Hofburg. So bekam sie alles mit und konnte die Regierungsgeschäfte ihres Sohnes überwachen und mitbestimmen.

Dieser Kaiser Franz Joseph heiratete die bayerische Prinzessin Sisi (die zugleich die Nichte von Sophie war). Obwohl Sisi noch sehr jung war, vertrat sie in Regierungsangelegenheiten ihre eigene Meinung. Und zwar eine ganz andere als ihre Schwiegermutter Sophie. Das führte oft zu Streit zwischen den beiden mächtigsten Frauen Österreichs. Sisi war nicht nur Kaiserin von Österreich, sondern sie half den Ungarn dabei, von Österreich unabhängig zu werden, und wurde als Dank von den Ungarn zur Königin von Ungarn gekrönt, was die Schwiegermutter gar nicht gut fand.

Die meisten Königinnen oder Prinzessinnen beschäftigten sich aber weniger mit Politik, sondern mehr mit den sozialen Belangen ihres Landes. Sie setzten sich für wohltätige Zwecke, das heißt für die Armen,

Die bayerische Prinzessin Sophie hatte als österreichische Kaiserinmutter großen Einfluss auf die Politik.

Schwachen oder Kranken, ein. Mit Geldspenden und manchmal auch persönlicher tatkräftiger Hilfe versuchten sie, die Not ärmerer Menschen und Kinder zu lindern.

Prinzessin Charlotte, die ältere Halbschwester von Sophie, wurde durch Heirat Kaiserin von Österreich (und nannte sich von da an Kaiserin Caroline). Schon bald bekam sie den Beinamen „Mutter der Armen". Sie selbst hatte keine Kinder, umso mehr kümmerte sie

sich um Menschen, denen es nicht so gut ging wie ihr. Vor allem lagen ihr die „Kinderbewahranstalten" am Herzen. Mit Geld und Tatkraft unterstützte sie die Gründung der ersten „Kleinkinderbewahranstalt" in Wien und kümmerte sich von da an unermüdlich darum, dass immer mehr solcher Einrichtungen, nicht nur in Österreich, sondern auch in Bayern und Ungarn, entstehen konnten. Dafür spendete sie viel Geld aus ihrem Privatvermögen, besuchte die Kinder oft und spielte dann hingebungsvoll mit ihnen. Man

Kaiserin Elisabeth (Sisi) auf dem Höhepunkt ihres Lebens: Sie wird zur Königin von Ungarn gekrönt und das ganze ungarische Volk liegt ihr zu Füßen.

Während des Ersten Weltkrieges wurde der Einsatz aller gebraucht: Die 66-jährige Königin Marie Therese stellte Hilfspakete für die Soldaten im Feld und im Lazarett zusammen ...

kann sagen, dass Charlotte die Mitbegründerin der heutigen Kindergärten ist.

Als der Erste Weltkrieg ausbrach, richtete Königin Therese in den Nibelungensälen in der Residenz eine Nähstube ein, die die größte Nähstube Deutschlands wurde. Dort nähten und strickten etwa 800 Münchner Damen Socken und Wäsche für die Soldaten. Königin Therese packte persönlich die Feldpakete für die Soldaten im Krieg. Darin waren Wäsche, Cognac, Schinken, Schokolade, Gemüsekonserven und Fruchtsäfte.

Königin Thereses Töchter, die Prinzessinnen Gundelinde, Wiltrud und Hildegard, arbeiteten als Krankenschwestern, halfen Verwundete zu pflegen und besuchten Lazarette. Auch Prinzessin Pilar, die Schwester von Prinz Adalbert, fuhr jeden Tag, bei jedem Wetter mit dem Rad frühmorgens zum Roten Kreuz und spät abends wieder nach Hause. Je länger der Krieg dauerte, desto schlechter ging es der Bevölkerung und desto weniger hatten die Menschen zu essen. Da kam Prinzessin Hildegard auf eine Idee, wie man die Hungersnot lindern könnte. Sie fing an, Kaninchen zu züchten und half anderen dabei, ebenfalls eine Zucht anzulegen. Der König befahl, dass im Hofgarten mehr Gemüse angebaut werden sollte, die Milch vom Landgut Leutstetten wurde an Säuglingsheime verschenkt und das Wild, das auf Jagden geschossen wurde, sollte zu niedrigen Preisen an die arme Bevölkerung verkauft werden. Die Königin richtete eine Kriegsküche ein, wo alle, die in den Nibelungensälen arbeiteten, sehr billig Mittag essen konnten.

Das alles änderte aber letztlich nichts an den furchtbaren Zuständen, unter denen die arme Bevölkerung wesentlich mehr zu leiden hatte als die Angehörigen der Königsfamilie. Denn während es nach drei Jahren Krieg und einer Kartoffelmissernte für die Bevölkerung so gut wie nichts mehr zu essen gab, aß die Königsfamilie am letzten Abend, den sie vor ihrer Flucht in der Residenz zubrachte, immerhin noch Kartoffelnudeln, Erbsen und Hirschkalbsbraten.

... und funktionierte die Nibelungensäle in der Residenz zu der „größten Nähstube Deutschlands" um, um Kleidung für die insgesamt 1 432 000 bayerischen Soldaten nähen zu lassen.

Wenn ein Mädchen nicht verheiratet werden konnte, dann blieb sie entweder in ihrem Elternhaus wohnen oder sie ging ins Kloster. Alleine leben, das gab es damals für eine Frau gar nicht (außer sie war verwitwet). Manche Prinzessin wurde sogar freiwillig lieber Nonne als Ehefrau. Prinzessin Maria Anna Carolina, eine Tochter von Kurfürst Max Emanuel (man nannte ihn den „Blauen Kurfürsten", weil er eine blaue Uniform trug), sollte den jungen spanischen König Philipp heiraten. Aber das wollte sie auf keinen Fall, da wurde sie lieber Nonne. Sie trat dem Orden der heiligen Klara von Assisi, den Klarissinnen, bei und verbrachte den Rest ihres Lebens im Angerkloster in München.

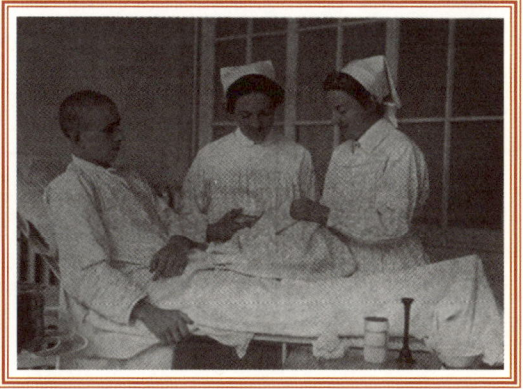

Wer sind wohl die beiden Krankenschwestern? Prinzessin Hildegard und Prinzessin Helmtrud! Sie und viele andere Prinzessinnen versuchten, sich im Ersten Weltkrieg auf irgendeine Weise nützlich zu machen.

Prinzessin Sophie von Wittelsbach, die jüngere Schwester von Sisi, ging aus einem anderen Grund ins Kloster. Sie war einst die Verlobte von Ludwig II., den sie schon von Kindheit an kannte, und der ihr ein sehr guter Freund war. Aus der Hochzeit wurde dann aber nichts. Nicht nur Ludwig hatte es sich anders überlegt, sondern auch Sophie. Sie hatte sich nämlich unsterblich in einen anderen, in den Hoffotografen Hanfstaengl, verliebt. Nach der geplatzten Verlobung mit Ludwig durfte Sophie aber nicht ihren geliebten Fotografen heiraten, denn der war nicht adelig, sondern wurde mit einem französischen Herzog (Ferdinand von Alençon) verheiratet. In dieser Ehe wurde sie aber nie glücklich, denn auch den Herzog liebte sie nicht. Sophie wurde immer unglücklicher und litt unter Depressionen. Sie wandte sich mehr und mehr der Religion zu und trat schließlich in den Dritten Orden der Dominikanerinnen ein, einem Frauenorden, in dem man kein Gelübde ablegen und nicht im Kloster wohnen musste. Als „Schwester Marie Madeleine", wie sie sich von da an nannte, fand sie ihre Erfüllung darin, Menschen zu helfen, die in Not geraten waren. Sophie kam 1897 auf tragische Weise bei einem Brand ums Leben. Das Dominikanerinnenkloster hatte, von ihr initiiert, in Paris einen Wohltätigkeitsbazar organisiert. Die Attraktion waren die Brüder Lumière, die dort zum ersten Mal die von ihnen erfundenen „bewegten Fotografien", also den ersten Film, zeigen wollten. Sopie selbst hatte sie darum gebeten. Aber genau das wurde ihr zum Verhängnis. Das leicht entflammbare Filmmaterial fing an zu brennen, eine Panik brach aus und die vielen Besucher stürmten aus dem Gebäude. Menschen kamen zu Fall und wurden niedergetrampelt. Nur Sophie blieb, wo sie war. „Le devoir avant tout" / „Die Pflicht geht vor allem", hörte man sie noch sagen. Sie wollte zuerst die Mädchen in Sicherheit bringen, die ihr am Verkaufsstand geholfen hatten, und dann erst selbst ins Freie flüchten. Aber dazu kam es nicht mehr. Sophie wurde mit vielen anderen unter dem einstürzenden Dach der Halle begraben.

Es gab aber auch eine Prinzessin in Bayern, die weder heiraten noch ins Kloster gehen wollte. Prinzessin Therese war die Enkelin von König Ludwig I. Ihre Mutter, die energische und temperamentvolle Italienerin Auguste Ferdinande, legte bei der Erziehung von Therese und ihren drei Brüdern vor allem Wert auf Selbstständigkeit, Entschlossenheit,

Religiosität und Pflichtgefühl. Als Thereschen, wie sie liebevoll im Familienkreis genannt wurde, 13 Jahre alt war, starb die Mutter. Von nun an stand Therese gemeinsam mit einer Tante dem Haushalt vor. Eine verantwortungsvolle Aufgabe für so ein junges Mädchen. Als Ersatz für ihre Mutter schloss sich Thereschen eng an die Königin Marie an und verliebte sich in deren schönen und liebreizenden Sohn Otto, den Bruder Ludwigs II. Aber der „Liebling ihres Herzens" verfiel zunehmend dem Wahnsinn, bis er schließlich für den Rest seines Lebens in Schloss Fürstenried eingesperrt werden musste. Thereschen aber wollte entweder Otto heiraten oder keinen, also widmete sie sich ausschließlich ihrer anderen Leidenschaft, der Wissenschaft.

Schon als Kind interessierte sich Therese für Pflanzen, Erdkunde und ferne Länder, sie hatte ein großes Sprachentalent (insgesamt erlernte sie im Laufe ihres Lebens zwölf Sprachen, Russisch und Neugriechisch mochte sie am liebsten) und war sehr sportlich. Sie liebte Wandern, Rudern, Schwimmen, Turnen, Schlittschuhlaufen und Reiten. Weil sie als Mädchen weder das Abitur machen noch studieren durfte, brachte sie sich alles selber bei (vor allem Vogelkunde faszinierte sie) und fing an, große Reisen in immer fernere Länder zu unternehmen. Erst erkundete sie ganz Europa, dann Nordafrika,

Prinzessin Therese durfte zwar nicht studieren, aber trotzdem schaffte sie es als erste Frau überhaupt, die Ehrendoktorwürde zu erhalten.

Skandinavien und Russland. 1888, also mit 38 Jahren, unternahm sie ihre erste Expedition nach Brasilien. Südamerika war ihr „Traumkontinent", wo sie insgesamt dreimal war, um dort Beobachtungen bei 23 zum

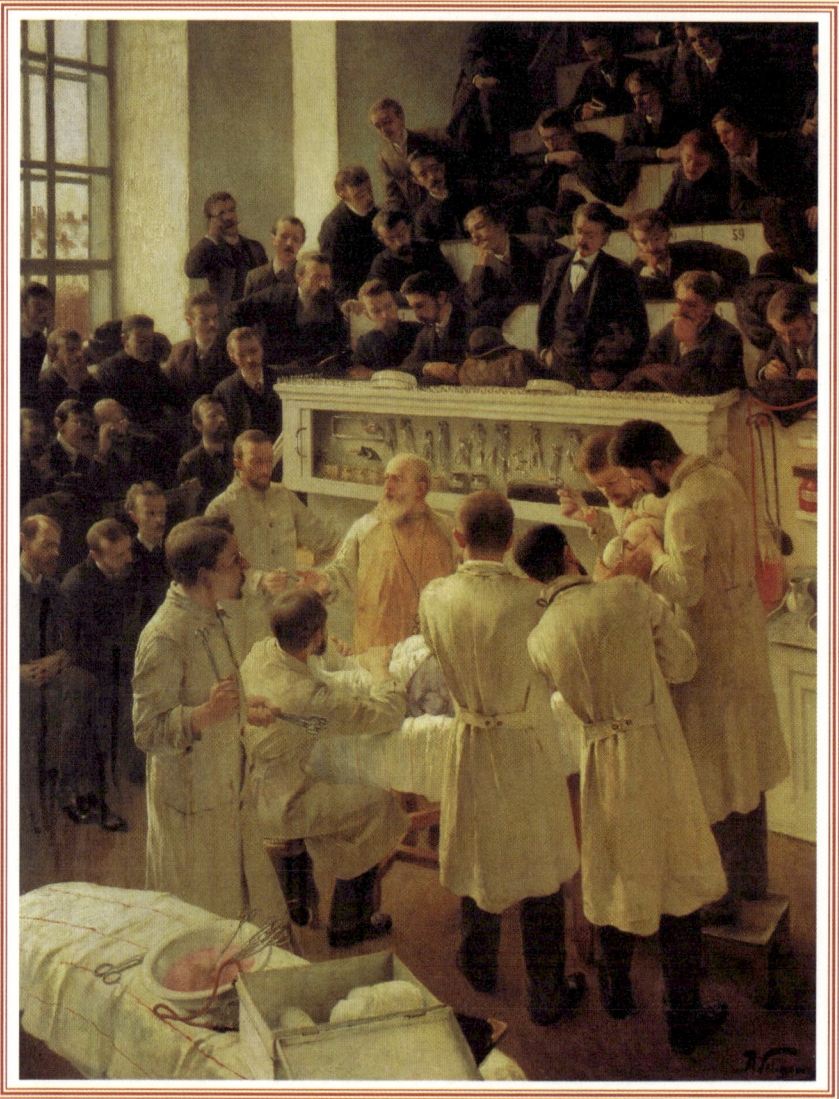

Herzog Carl Theodor als Hospitant einer Vorlesung des damals berühmten Chirurgen Theodor Billroth an der Wiener Universität. Du siehst ihn ganz links im Bild, in der ersten Reihe, mit kleinem Schnäuzer. Gemälde von Adalbert Franz Seligmann, 1890.

Teil bis dahin völlig unbekannten Indianerstämmen zu machen. Sie bestieg die über 6 000 Meter hohen Berge der Anden, durchquerte die 600 Kilometer weite Atacama Wüste und wagte sich tief in den Regenwald hinein. In ihrem Tagebuch beschreibt sie, wie so eine Expedition aussah: „Wohlausgerüstet saßen wir zu Maultier. Ich hatte einen kleinen photographischen Apparat, meinen Feldstecher und eine Kartentasche umgehängt. In letzterer befanden sich, außer den nötigen Karten, die Papiertüten und Zange zum Schmetterlingsfang, die Medizin und die Binden gegen Schlangenbiß. An meiner Sattelgabel war eine rechteckige flache Tasche aus Pflanzenfasergeflecht befestigt, wie man solche in allen indianischen Ländern antrifft. Sie hatte den Zweck, das kleine Herbarium und unterwegs gesammelte Gegenstände zu bergen. Unser Diener trug den großen photographischen Apparat um die Schultern hängend und hatte außerdem eine Vogelflinte und ein Schmetterlingsnetz aufgeschnallt. Die beiden anderen Reisegefährten führten die nötigen mit Kognak oder Tee gefüllten Aluminiumflaschen."

Viele Fundstücke der Weltreisenden aus königlichem Hause kannst du heute im „Museum für Völkerkunde" in München anschauen. Nach Therese wurden einige tropische Pflanzen benannt, und auch eine Eidechsenart trägt ihren Namen. Zahlreiche wissenschaftliche Gesellschaften ernannten sie zum Ehrenmitglied und letztendlich wurde ihr sogar der Ehrendoktortitel verliehen. Damit war sie die erste Frau überhaupt, der diese Würde zuteil wurde!

Für die männlichen Königskinder, die dem Vater nicht auf den Thron folgten, war ein Beruf beim Militär vorgesehen. Schon als Kinder traten sie der Armee bei. Zum Geburtstag wurden sie dann oft im Rang befördert und waren so manchmal schon mit 18 Jahren Offizier. Wer nicht zum Militär wollte, hatte eigentlich nur die Möglichkeit, eine Landwirtschaft zu betreiben - vorausgesetzt er hatte ein Gut. Geld verdienen war eigentlich unmöglich, denn kein Prinz durfte einem anderen Menschen einen Platz wegnehmen. Dennoch gab es Prinzen, die bürgerliche Berufe ausübten.

Carl Theodor, Sisis Lieblingsbruder „Gackl", kam schon mit 14 Jahren zum Militär, wurde dort sogar General der Kavallerie (Reiter) und bekam im Laufe der Zeit 25 Orden und Ehrenzeichen. Trotzdem hatte er

keine Freude an diesem Beruf. Nach dem Ende seiner militärischen Laufbahn, mit 29 Jahren, fing er an zu studieren. Das war gar nicht so leicht,
denn die Professoren wollten keinen Prinzen an der Universität aufnehmen,
weil sie dachten, dass ein Prinz nicht ernsthaft studieren würde. Einer
nahm ihn dann doch mit den Worten: „Ich nehme Sie, aber nicht weil
Sie ein Prinz sind, sondern obwohl Sie das sind." Erst mit fast 40 Jahren war Carl Theodor mit seinem Medizinstudium fertig. Er spezialisierte sich auf die Augenheilkunde und behandelte 15 Jahre lang Patienten aller Schichten und Klassen, überwiegend kostenlos in München, am Tegernsee und in Meran. Dann entschloss er sich, gemeinsam mit sei-

Prinz Ludwig Ferdinand als Musiker des Residenztheater-
Orchesters, links unten sitzt er mit seiner Geige.

ner Frau, Herzogin Marie-José, einer geborenen Infantin von Portugal,
ein Anwesen in der Nymphenburger Straße 43 in München zu kaufen,
um dort eine eigene Augenklinik zu gründen. Hier wurden dann vor allem
arme Augenkranke unentgeltlich behandelt. Das sprach sich schnell herum
und so kamen von Tag zu Tag mehr Patienten, an manchen Tagen saßen 60 Menschen im Wartezimmer. Carl Theodor wollte aber möglichst
keinen heimschicken und arbeitete oft bis zur körperlichen Erschöpfung.
    Der Vater von Prinz Adalbert (der, der in Nymphenburg so gerne
mit dem Rad durch die Gänge fuhr), Prinz Ludwig Ferdinand, hatte zwei
Leidenschaften, den Arztberuf und die Musik. Er studierte Medizin in
München und Heidelberg und wurde Facharzt für Chirurgie und Gynäko-

logie (Frauenheil-
kunde) und als
solcher sogar
Ehrenmitglied in
der Deutschen
Gesellschaft für
Gynäkologie und
Geburtshilfe. In
München hatte er
eine eigene Praxis
als Allgemeinme-
diziner. Auch er
behandelte seine
Patienten um-
sonst, und es ka-
men entsprechend
viele! Wenn am

Prinz Heinrich bezahlte – wie insgesamt 8,7 Millionen andere –
seinen Einsatz im Ersten Weltkrieg mit dem Leben. Hier sieht
man ihn bei seinem Abtransport, in Decken gehüllt, tot auf der
Bahre liegen.

Abend dann das Wartezimmer leer war und alle Patienten versorgt waren,
hatte er aber noch längst nicht Feierabend. Denn dann war Zeit für seinen
zweiten Beruf. Er war Zweiter Violinist des Königlichen Hoforchesters,
und zur Probe oder zur Vorstellung erschien er pünktlicher als jeder
andere Musikant. Außerdem komponierte er selbst Musikstücke für die
Familie und die Hausmusikrunde, zu der sich seine bürgerlichen Freunde
zusammenfanden.

Die meisten Prinzen aber taten das, was man von ihnen erwartete.
Sie schlugen eine Laufbahn beim Militär ein. So wie Prinz Heinrich, ein
Neffe von König Ludwig III., der als Kind viel Zeit mit dessen Töchtern
Wiltrud und Helmtrud verbrachte. Nach seinem Abitur trat er 17-jährig
als Leutnant in das Königlich Bayerische Infanterie-Leibregiment ein
und wechselte vier Jahre später zum 1. Schwere Reiter Regiment. Im
Laufe der Jahre wurde er erst zum Oberleutnant befördert, dann zum
Rittmeister, bis er schließlich mit 31 Jahren Major wurde. Als der Erste
Weltkrieg ausbrach, zog er selbstverständlich mit in den Krieg. In Frank-
reich wurde Heinrich zweimal schwer verwundet, dann kam er an die
Front nach Siebenbürgen. Dort traf ihn bei einer Erkundung ein Schuss

in den Bauch. Die Verletzung war so schwer, dass er noch in der folgenden Nacht starb. Seine Mutter holte den Leichnam ihres einzigen Kindes in Kronstadt ab und begleitete den Sarg nach München, wo Prinz Heinrich feierlich in der Theatinerkirche zu Grabe getragen wurde.

Der engste Vertraute von Ludwig II. war sein drei Jahre jüngerer Bruder Prinz Otto.

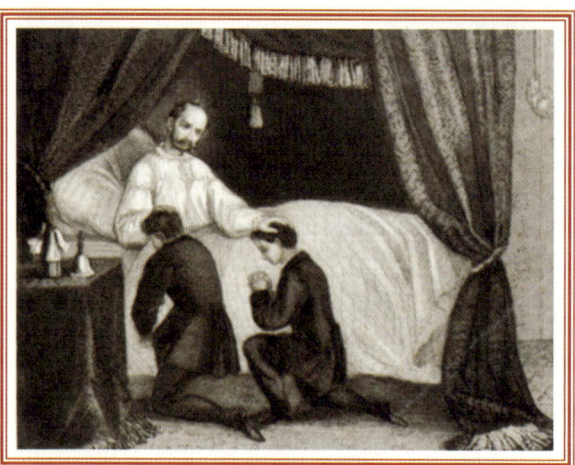

Ludwig und Otto nehmen Abschied am Sterbebett ihres Vaters König Max II.

Als ihr Vater beerdigt wurde (Ludwig war 18, Otto 15 Jahre alt) und der neue König Ludwig II. gefragt wurde, welche Stelle sein Bruder Otto in dem Trauerzug hinter dem Sarg des Vaters einnehmen solle, antwortete Ludwig: „Wie immer mir zur Seite." Und so blieb es. Bei allen offiziellen Anlässen stand Otto Ludwig „zur Seite". Bald nach seinem Regierungsantritt beförderte Ludwig Otto vom Unterleutnant zum Oberleutnant. Diese Rangerhöhung war aber weniger dazu gedacht, ihm innerhalb des Militärs mehr Aufgaben zu übertragen, sondern vielmehr ihn zu einem ernstzunehmenden Partner in Regierungsaufgaben zu machen. Bei Festlichkeiten, beim Münchner Oktoberfest, im Theater und bei ähnlichen Veranstaltungen traten Otto und Ludwig immer gemeinsam auf. Otto half, wo er konnte, die Fülle von Repräsentationspflichten zu bewältigen und vertrat seinen Bruder immer öfter auch allein auf allen möglichen Anlässen und Festen, die Ludwig mehr und mehr mied. Otto hatte primär keine Regierungspflichten. Seine Aufgaben bestanden eher in Assistenztätigkeiten, die von seiner Mutter und seinem Bruder gerne in Anspruch genommen wurden. Auch als Reisebegleiter wurde er gebraucht. Und sogar, als Ludwig die Verlobung mit Prinzessin Sophie löste, bat er Otto um seine Hilfe. Otto sollte Sophie die schlechte Nachricht überbringen und sie im Anschluss trösten! Bereits mit 18 Jahren zog Otto als junger Offizier in den Krieg. Die schlimmen Erlebnisse dort haben ihn sehr schockiert und verschlimmerten seine Angstzustände und geistige Verwirrung. Spätestens seit dem Fronleichnamstag 1875 ließen sich Ottos Probleme auch vor der Öffentlichkeit nicht mehr verbergen: Während der Messe stürmte Otto plötzlich in voller Jagdmontur in die Frauenkirche, rannte vor zum Altar, warf sich zu Füßen des Erzbischofs und bat schreiend um Vergebung seiner Sünden.

Um zu vermeiden, dass so etwas nochmal vorkommt, wurde er nach Nymphenburg gebracht und dort so lange eingesperrt, bis eine andere Bleibe eigens für ihn umgebaut worden war: Schloss Fürstenried vor den Toren Münchens. Das war eine Anweisung von Ludwig, der verhindern wollte, dass sein Bruder in eine Irrenanstalt eingesperrt würde. Dort, in der ersten Etage des Hauptgebäudes, lebte Otto nun ohne Aufgaben und einsam wie in einem Gefängnis. Gesellschaft leisteten ihm hauptsächlich seine Wärter. Seine Mutter besuchte ihn jedoch sehr oft und auch Ludwig kam immer wieder vorbei. Der Gartensaal soll Ottos Lieblingsaufenthaltsort gewesen sein, heißt es, dort habe er die meiste Zeit an der Tür gestanden und in die Freiheit hinausgeblickt. Und dort stand er auch, als man ihm die Nachricht überbrachte, dass sein Bruder Ludwig

Der Kronprinz Ludwig und sein Bruder Prinz Otto in ihren Uniformen.

im Starnberger See ertrunken war. Jetzt war Otto also nicht mehr der Bruder des Königs, jetzt war er selber König.

Das Einzige allerdings, was sich für ihn dadurch änderte, war, dass er von seinen Wärtern ab sofort mit „Majestät" angeredet wurde. Regieren ließ man ihn nicht. Luitpold, ein Onkel von Otto, wurde als so genannter „Prinzregent" (also ein Prinz, der regiert) stellvertretend für Otto zum Herrscher Bayerns. An einer nicht erkannten Blinddarmentzündung starb Otto am 11. Oktober 1916 mit 68 Jahren.

☞ Die Nibelungensäle sind mit zahlreichen Wandgemälden ausgestattet, die die Personen und die Handlung der Nibelungen-Sage darstellen. Kennst du die tragische Geschichte von Siegfried und Kriemhild? Dann kannst du die Bilder den jeweiligen Ereignissen der Erzählung zuordnen.

☞ Das Staatliche Museum für Völkerkunde in München ist mittlerweile das zweitgrößte Völkerkunde Museum Deutschlands. Dort hast du Gelegenheit, Objekte aus aller Herren Länder zu betrachten, zum Beispiel das älteste erhaltene Kajak der Welt oder Masken und Figuren aus Afrika.

☞ Die Augenklinik Herzog Carl Theodor, eigentlich unter dem Namen „Wohltätigkeitsanstalt für unbemittelte Augenkranke" gegründet, existiert heute noch und ist immer noch in der Nymphenburger Straße 43. Sie gilt als eine der ältesten Fachkliniken für Augenheilkunde in Bayern und steht unter Denkmalschutz.

☞ In der Fürstengruft in der Theatinerkirche ist nicht nur Prinz Heinrich begraben, sondern ganz viele Prinzen und Prinzessinnen, Könige und Königinnen, die in diesem Buch vorkommen. Damals war es allerdings Tradition, die Herzen in der „Altöttinger Grabkapelle" zu beerdigen. Die Kirche ist auf jeden Fall einen Besuch wert, denn sie ist reich dekoriert mit Ornamenten und Figuren.

☞ Schloss Fürstenried war ursprünglich als Lust- und Jagdschloss errichtet worden. Es war zwischenzeitlich aber auch Witwensitz für die Gemahlin Maximilians III., Trappistinnenkloster und Lazarett in der Kriegszeit. Heute dient das Schloss als Exerzitienhaus der Erzdiözese und Schulpastorales Zentrum Münchens, sowie als Tagungsstätte.

Wie wurde man König?

Der älteste Sohn eines Königs war automatisch der Nachfolger des Vaters. Er hatte keine Wahl, auch wenn er viel lieber etwas anderes geworden wäre. Auf das „Königsein" war er von Geburt an erzogen und ausgebildet worden. In dem Moment, wo der Vater starb, wurde der Sohn König. Den Zeitpunkt dafür konnte man natürlich nicht vorhersehen, und so wurde der eine schon mit 18 Jahren König (Ludwig II.) und ein anderer erst mit 68 Jahren (Ludwig III.). Der eine freute sich darauf (Ludwig I.), und dem anderen grauste vor diesem Tag (Max II.).

Der erste bayerische König, Max I., rechnete allerdings gar nicht damit, einmal König zu werden. Erstens war Bayern noch gar kein Königreich, als er geboren wurde, sondern ein Fürstentum, regiert von Max' Onkel Kurfürst Karl Theodor. Und zweitens war Max nicht der erstgeborene Sohn, sondern hatte einen fast zehn Jahre älteren Bruder Karl August. Abgesehen davon wäre Max' anderer Onkel Christian auch noch vor ihm in der Erbfolge gekommen. Aber es sollte anders kommen, als Max je zu träumen gewagt hätte. Max wuchs ganz unter französischem Einfluss auf. In seiner Familie wurde, wie damals an fast allen Höfen, hauptsächlich französisch gesprochen, und er wurde nach dem französischen Erziehungshandbuch „Émile" erzogen. Max war ein richtiger Musterschüler und ein sehr höfliches, charmantes Kind. Als er elf Jahre alt war, musste er eine Prüfung ablegen. Stolz berichtet sein Erzieher Keralio seiner Tante, der Herzogin Clemens: „Euer Durchlaucht werden gern vernehmen, dass ihr Neffe, der Prinz, dort mit Auszeichnung aufgetreten ist. Ein Jesuit, bedeutender Geometer und Astronom, hat ihn über die Elemente der Geometrie streng ausgefragt. Ein Ingenieur hat in Befestigungslehre geprüft. Weder der eine noch der andere konnten ihm irgend eine Lücke nachweisen."

Ansonsten war die Kindheit von Max sehr unruhig und von der Abwesenheit seiner Eltern und Geschwister geprägt. Als Max vier Jahre alt war, wurde die Mutter von seinem Vater verstoßen und verbrachte den Rest ihres Lebens im Kloster. Der Vater lebte in Ungarn und Böhmen bei der Armee. Mal wohnte Max bei seinem Onkel Karl The-

Ein König zum Ausmalen: Max trat mit 43 Jahren die Regierung von Bayern an. Erst als Kurfürst Max IV. Joseph, von 1806 bis zu seinem Tod 1825 dann als König Max I. Joseph von Bayern.

odor, mal bei seinem Onkel Christian, mal in Mannheim, mal in Zweibrücken. Sein Bruder lebte zeitweise in Paris, eine seiner Schwestern kam ins Kloster nach Nancy in Frankreich, aber wenigstens die andere Schwester war teilweise mit Max am Münchner Hof. Mit 14 Jahren wurde er zum General des Elsässischen Regiments ernannt, das als besonders vornehm galt. Trotz all dieser Wirrungen wurde aus Max ein liebenswürdiger, lebenslustiger, gebildeter junger Mann.

So brachte er alle Anlagen mit, als er 1799 die Nachfolge des alten Kurfürsten Karl Theodor in Bayern antrat (sein Bruder, sein Vater und seine Onkel waren da schon tot und er deshalb der nächste Verwandte) und schließlich selbst dafür sorgte, dass Bayern ein Königreich und er zum König wurde. „Weilst nur grad da bist, Maxl!", soll ihn ein Münchner Bierbrauer freudig begrüßt haben, als er unter den Jubelrufen des Volkes in München einzog.

Max I. Joseph wurde ein sehr beliebter, gar nicht überheblicher König, der sich an Markttagen gerne unerkannt unter das Volk mischte und ein Schwätzchen mit seinen Bürgern hielt.

König Ludwig I., der erstgeborene Sohn von Max I., wollte richtig gerne König werden. Er hatte in vielen Dingen eine andere Meinung als sein Vater und freute sich, endlich

König Ludwig I. von Bayern regierte von 1825 an 23 Jahre lang und musste dann den Thron an seinen Sohn abgeben.

seine eigenen Entscheidungen treffen zu können, als er mit 39 Jahren König wurde. Sein Interesse galt vor allem der Kunst. So hatte er schon vor seiner Thronbesteigung begonnen, vor allem in Rom, wertvolle Kunstwerke zu kaufen und Verbindungen mit bedeutenden Künstlern aufzunehmen. Nach seiner Thronbesteigung machte er München zur führenden Kunststadt Deutschlands: Er holte bedeutende Künstler und Architekten nach München, ließ die Ludwigstraße und den Königsplatz bebauen sowie die Alte und die Neue Pinakothek errichten und verlegte die bayerische Landesuniversität von Landshut nach München. Ludwig war ein glühender Verehrer des antiken Griechenlands, das kannst du vor allem an der Art der Bebauung am Königsplatz mit Glyptothek, Propyläen und Antikensammlung erkennen. Seine wichtigsten Baumeister waren Leo von Klenze und Friedrich von Gärtner. Weiterhin ließ er auf zwei Bergrücken an der Donau die Walhalla und die Befreiungshalle errichten. Ludwig

wirkte nicht nur im rechtsrheinischen Bayern, sondern auch in der Pfalz, die damals zu Bayern gehörte. So baute er dort für sich einen Sommersitz, das Schlösschen Villa Ludwigshöhe in Edenkoben. Seine Liebe zu allem Schönen, auch die zu schönen Frauen, kostete ihn schließlich den Thron. Weil er sich unsterblich in eine Tänzerin namens Lola Montez verliebte, die sich zu sehr in die Politik einmischte, wurde er vom wütenden Volk gezwungen, den Thron an seinen Sohn Max II. zu übergeben. Er lebte noch 20 Jahre als Privatmann in München, bis er im Alter von 82 Jahren in Nizza starb.

König Max II., der erstgeborene Sohn von Ludwig I., wäre viel lieber Professor für Geisteswissenschaften geworden. Dementsprechend hat er sich als König sehr für die Bildung eingesetzt. Er holte berühmte Gelehrte an die Münchner Universität und gründete das Maximilianeum (am Ende der von ihm erbauten Maxi-

König Max II. von Bayern folgte seinem Vater 1848 auf den Thron. 1864 starb er mit 53 Jahren ganz plötzlich.

milianstraße), das dem Zweck dienen sollte, besonders begabten (aber nicht unbedingt reichen) Schülern Bayerns ein Studium an der Universität zu ermöglichen. Diese ausgewählten Studenten lebten umsonst im Maximilianeum und wurden zudem finanziell unterstützt – und so ist es bis heute.

Otto war der zweitgeborene Sohn von König Ludwig I. Im Gegensatz zu seinem älteren Bruder Max wurde er nicht dazu erzogen, einmal König zu sein – und trotzdem wurde er mit erst 17 Jahren gezwungen, einen Thron zu besteigen. Die Großmächte Frankreich, England und Russland schafften damals ein neues Königreich: Griechenland. Für dieses Königreich

Die ersten Jahre seiner Regentschaft war König Otto von Griechenland noch nicht einmal volljährig!

wurde nun dringend ein König gesucht. Ottos Vater Ludwig I. mochte die Griechen und vor allem die griechische Kunst sehr. „Wäre ich nicht König der Bayern, ich würde liebend gern König der Griechen", sagte er. Da war er aber der Einzige. Alle anderen, denen der griechische Thron angeboten wurde, lehnten ab, vor allem, weil sie Angst vor dem griechischen Volk hatten, dem ja das Königtum aufgezwungen worden war. So arrangierte es Ludwig, dass sein 17-jähriger Sohn Otto zum König der Griechen bestimmt wurde.

Am 6. Dezember 1832 war es so weit. In den Höfen der Münchner Residenz standen elf stattliche Reisewagen zur Abfahrt nach Griechenland bereit. Ottos Eltern und Geschwister bestiegen ebenfalls zwei Kutschen, um den zukünftigen König von Griechenland noch ein

Stück des Weges zu begleiten. Am Höhenkirchner Forst nahmen Vater und Geschwister schweren Herzens Abschied von Otto. An dieser Stelle wurde später die so genannte Ottosäule errichtet, und es entstand das Dorf Ottobrunn. Otto war der Lieblingssohn seiner Mutter, der Königin Therese. Sie begleitete ihn noch ein Stück weiter, bis nach Aibling. Auch dieser, sicher sehr traurige und tränenreiche Abschied ist durch einen Obelisk in Erinnerung gehalten. Auf der Hauswand des Duschlbräus am Aiblinger Marienplatz kann man heute noch ein Bild sehen, das den Abschied der Königin von ihrem Sohn darstellt. An der bayerischen Grenze ließ Otto anhalten. Er bestieg eine Anhöhe und schaute ein letztes Mal zurück in das geliebte Bayernland. Diesem Augenblick zu Ehren errichtete Daniel Ohlmüller dort 1834 die „König-Otto-Kapelle". Ottos älterer Bruder Max begleitete ihn sogar bis nach Rom, wo sie zusammen noch Weihnachten feierten. Dann hörte man lange Zeit gar nichts mehr von Otto. Erst ein halbes Jahr später bekam die Königin die Nachricht, dass ihr Sohn von den Griechen freundlich aufgenommen worden war. Darüber freute sie sich so sehr, dass sie einen Dankesgottesdienst anordnete und die 800 Armen, die dem Gottesdienst beiwohnten, danach königlich verköstigte. 30 Jahre lang sollte König Otto Griechenland regieren, bevor das Volk revoltierte und ihn aus dem Land verjagte. Er kehrte zurück nach Bayern, lebte in Bamberg und starb schon fünf Jahre später an Masern.

König Ludwig II. von Bayern wurde durch den frühen Tod seines Vaters früh die Regierung übertragen. Er war 22 Jahre lang König, und starb selbst sehr jung mit 40 Jahren.

Ludwig II. hatte mit 18 Jahren gerade sein Studium angefangen und freute sich auf diese Zeit. End-

lich konnte er halbwegs selbst bestimmen, was er lernen wollte und
wann. Aber da starb ganz überraschend sein Vater König Max II.
und Ludwig wurde, gerade erst volljährig, König von Bayern. Er stellte
sich dieser Aufgabe mit Stolz und
Pflichtgefühl. Für ihn war es eine
Ehre, König zu sein, auch wenn
er bedauerte, nicht noch ein bisschen länger seine Freiheit gehabt
zu haben. Am Anfang fragte er oft
die Minister „Wie hätte mein Vater das gemacht?" und fand sich so
recht schnell zurecht. Im Laufe der
Jahre mochte er aber das Regieren
und die Menschen immer weniger
und dagegen die Berge, das Allein-
sein und das Bauen immer mehr.

Prinzregent Luitpold.

Dieser Eigenschaft haben wir die Schlösser Neuschwanstein, Linderhof,
Herrenchiemsee und viele mehr zu verdanken, die König Ludwig II. bauen
ließ, um seinen Traum von einem Märchenkönig zu leben.

Prinz Luitpold war der jüngere Bruder von König Max II. und
schlug ganz traditionell eine militärische Laufbahn ein, die ihm auch
großen Spaß machte. Aber dann kam sein Neffe König Ludwig II. auf
tragische Weise mit nur 40 Jahren ums Leben, er ertrank mit seinem
Arzt im Starnberger See (damals hieß er noch Würmsee) – wie, das ist
bis heute ein Rätsel. Der nächste in der Thronfolge war Ludwigs geistes-
kranker Bruder Otto, der auch tatsächlich zum König ausgerufen wurde.
Regieren konnte er aber in seinem Zustand nicht, deshalb musste sein
Onkel Prinz Luitpold als nächster Verwandter das stellvertretend für ihn
übernehmen. 26 Jahre lang regierte er als Prinzregent Bayern und war
bei der Bevölkerung sehr beliebt.

Ludwig III. wurde nur sehr ungern König – aber auch sehr spät,
er war schon 68 Jahre alt, als er von seinem Vater Prinzregent Luit-

pold die Regierung übernahm (Ludwig III. und Ludwig II. sind übrigens Cousins und wurden im gleichen Jahr – 1845 – geboren). Die Zeiten, in denen ein König genug Geld hatte und schöne Schlösser bauen konnte, waren längst vorbei. Es gab viele Probleme in Bayern, das Volk hatte Hunger, viele waren krank und die politische Lage in Europa war sehr schwierig. Ludwig III. fuhr lieber mit seinem Auto durchs Land oder ging auf die Jagd, anstatt in der Münchner Residenz zu regieren. Eigentlich wollte er mit seiner Frau Marie Therese und seinen 13 Kindern auf seinem Landgut Leutstetten bei Starnberg leben und dort Bauer sein, denn er hatte Landwirtschaft an der Universität studiert und wollte ganz Bayern zu einem ertragreichen Land der Bauern machen. Darum hat

König Ludwig III. von Bayern

er den Spitznamen „Millibauer". Nur fünf Jahre lang, von 1913 bis zum 8. November 1918, war er Bayerns König. 1914 mussten die bayerischen Soldaten gegen Frankreich kämpfen. Das war der Beginn des Ersten Weltkrieges. Zwei Millionen Deutsche, darunter auch viele Bayern, sind in den vier Kriegsjahren gestorben. Deutschland verlor den Krieg, und Ludwig III. wurde vom Volk unter der Führung von Kurt Eisner als König abgesetzt. Die Monarchie (das heißt, ein Land wird vom König, dann dessen Sohn usw. regiert) wurde für beendet erklärt: „Es lebe der Frieden, nieder mit der Dynastie!", riefen die Menschen.

König Ludwig III. von Bayern behielt das erste Regierungsjahr den Titel Prinzregent, wie sein Vater, dann ernannte er sich selbst zum König, obwohl der eigentliche, aber regierungsunfähige König Otto da noch lebte. Das nahmen ihm viele im bayerischen Volk übel.

Der König ging gerade im Hofgarten spazieren, als er von den Unruhen erfuhr. Ein Schutzmann kam ihm auf dem Radl entgegen und forderte ihn auf, lieber nach Hause zu gehen, die Lage sei sehr gefährlich. In der Residenz drängte man das Königspaar,

München zu verlassen. König Ludwig III. nahm nur sein Zigarrenkistl mit, weil er dachte, dass er sicher bald zurückkommen würde. Eine abenteuerliche Flucht begann. Heimlich, bei Nacht und Nebel verließen das Königspaar, seine Töchter und Enkel Albrecht die Residenz, um mit dem Auto nach Schloss Wildenwart zu fliehen. Die auf den Autos aufgemalten Kronen überdeckten sie mit Wagenschmiere und Prinzessin Wiltrud stülpte ihre Handschuhe über die goldenen Kronen, die als Kühlerfiguren am Auto angebracht waren, damit sie niemand als die Königsfamilie erkennen konnte. Als sie dann endlich losfahren wollten, stellten sie fest, dass an den Autorädern Eisen angebracht waren (noch aus der Zeit, als der König die bayerischen Truppen auf dem Feld besuchte), mit denen man zwar auf dem Feld und auf Wiesen, nicht aber auf Straßen fahren konnte. Benzin war nicht aufzufinden und auch der Chauffeur war verschwunden. Das zweite Fluchtauto blieb schon nach ein paar Metern stehen, es hatte platte Reifen, weil in der Eile vergessen worden war, die Reifen aufzupumpen! Schnell stiegen sie in ein kleineres Auto um. Der König und die erschöpfte Königin quetschten sich auf die Rückbank, Prinzessin Helmtrud musste sich zu Füßen der Mutter auf den Boden setzen, Flügeladjutant Graf Holnstein zu Füßen des Königs. Im zweiten Auto folgten die Prinzessinnen Hildegard, Wiltrud und Gundelinde, der Enkel des Königs Erbprinz Albrecht und dessen militärischer Erzieher Baron von Redwitz. Endlich setzten sich die beiden Autos in Richtung Trudering in Bewegung. Während der Fahrt durch die Stadt duckten sie sich, damit sie niemand erkennen konnte. Kurz vor Ostermünchen kam der Chauffeur des Autos mit den Prinzessinnen von der engen Straße ab und landete in einem sumpfigen Graben. Alles Hupen und Rufen war umsonst, das Auto mit dem Königspaar hörte sie nicht und fuhr einfach weiter. Weit kamen sie allerdings auch nicht. Denn bei der Dunkelheit konnte man kaum etwas sehen – die Stahlflaschen mit Gas für die Laternen an den Wagen waren leider leer – und als dann noch Bodennebel aufkam, wurde die Sicht noch schlechter und auch das Auto mit dem Königspaar landete in einer morastigen Wiese.

Nur mit Hilfe eines Bauern und seines Knechts konnte der Wagen mit zwei Pferden auf die Straße zurückgezogen werden. Schließlich und endlich, im Morgengrauen, kamen aber doch alle heil in Schloss

Wildenwart an. Der König sollte nie mehr nach München zurückkehren (er verbrachte den Rest seines Lebens in Ungarn), und Bayern hatte nie wieder einen König.

☞ Ein Denkmal von Max I. Joseph kannst du auf dem Max-Joseph-Platz in München bewundern. Wenn du genau hinsiehst, kannst du womöglich auch ein leichtes gutmütiges Lächeln auf dem Gesicht der Statue entdecken und nachvollziehen, wie populär dieser König aufgrund seines sympathischen Auftretens gewesen sein muss.

☞ Die Ludwigstraße verläuft vom Odeonsplatz aus an der Bayerischen Staatsbibliothek und der Ludwig-Maximilians-Universität vorbei bis hin zum Siegestor.

☞ Wenn du dieser Straße folgst, kannst du viele alte Gebäude entdecken wie das Geburtshaus der Kaiserin Sisi, heute als Bundesbank-Bayern genutzt. Allerdings sind auch die Statuen der Feldherrnhalle sowie das Siegestor einen Blick wert.

☞ Der Königsplatz wurde nach dem Vorbild der Akropolis von Athen erbaut und sollte ein Zeichen der Verbundenheit zwischen Bayern und Griechenland sein. Dementsprechend stellen die Propyläen, die Glyptothek und die staatliche Antikensammlung griechische und römische Kunstwerke aus, die man unbedingt einmal gesehen haben sollte.

☞ Ganz in der Nähe befindet sich auch die Alte Pinakothek, die damals als größter Museumsbau der Welt galt und heute noch die umfangreichste Sammlung altdeutscher Malerei beherbergt. Genau gegenüber liegt die Neue Pinakothek, dort kannst du dir europäische Kunstwerke aus dem späten 18. bis hin zum frühen 20. Jahrhundert ansehen.

☞ Auf der Theresienwiese kannst du die Kolossalstatue der Bavaria betrachten. Sie ist die Symbolgestalt und Patronin Bayerns (Bavaria ist lediglich der lateinische Name für Bayern). Außerdem gilt sie als eine technische Meisterleistung des 19. Jahrhunderts, da sie gänzlich aus gegossener Bronze besteht. Vielleicht hast du ja Lust, das Innere der Statue hinaufzusteigen, von dort aus hast du nämlich über Sichtluken im Kopf einen guten Blick über die Theresienwiese, was vor allem zur Zeit des Oktoberfestes toll ist.

☞ Die Walhalla wurde auch einem griechischen Vorbild, nämlich dem Parthenon in Athen, nachempfunden, ihr Name rührt jedoch aus der nordischen Mythologie her und ist dort die Wohnstätte der tapfersten gefallenen Krieger. Die Gedenkstätte liegt bei Regensburg hoch über der Donau, in ihr werden herausragende Persönlichkeiten, die für die deutsche Geschichte relevant waren, mit Marmorbüsten und Gedenktafeln geehrt.

☞ Die Befreiungshalle ist ein historisches Bauwerk bei Kelheim. Sie wurde im Andenken an die gewonnenen Schlachten gegen Napoleon während der Befreiungskriege in den Jahren 1813 bis 1815 errichtet. Von dort aus kannst du eine atemberaubende Aussicht auf die Stadt Kelheim genießen!

☞ Von der Residenz nach Ottobrunn kommst du heute vom Marienplatz aus mit der S 6 Richtung Höhenkirchen-Siegertsbrunn in einer halben Stunde. Die Ottosäule befindet sich direkt am Rand der Rosenheimer Landstraße. In Ottobrunn selbst findet auch jährlich im September das „Ottostraßenfest" statt, ein Spaß für Groß und Klein, wo man sich neben zahlreichen Vorstellungen der Tanz- und Musikwelt, kulinarischen Köstlichkeiten und Modeschauen auch von Zauberern, Stelzenläufern und anderen Kleinkünstlern unterhalten lassen kann.

☞ Von Ottobrunn nach Bad Aibling kommst du mit der S 6 Richtung Kreuzstraße, an der Endstation musst du dann umsteigen in die Regionalbahn nach Rosenheim. Bedenke, dass die Fahrtzeit eine gute Stunde beträgt. Die kleine Stadt zählt heute zu den bekanntesten Kurorten Bayerns und besitzt das so genannte „Theresienmonument", das kurz vor der Mangfallbrücke emporragt. Der Obelisk zeigt auf der Südseite die Heilige Jungfrau, auf der Ostseite das Wappen Griechenlands, auf der Nordseite das Wappen des Marktes Aibling und auf der Westseite einen Text zur Erinnerung der Königinmutter an den Abschied von ihrem Sohn.

☞ Schloss Linderhof war der einzige Bau Ludwigs, der noch zu seinen Lebzeiten fertiggestellt wurde, ursprünglich war es ein Jagdhaus für seinen Vater, ihm selbst sollte es schließlich als königliche Villa dienen. Dort gibt es vielerlei Sehenswürdigkeiten, die jeden Besucher wohl in Staunen versetzen. Lass dich überraschen!

☞ Das Schloss Herrenchiemsee liegt auf der gleichnamigen Insel im Chiemsee und wurde nach dem Vorbild des Schlosses in Versailles erbaut, im Übrigen war es das letzte der großen Bauprojekte Ludwigs und wurde eigentlich nie vollständig fertiggestellt. Direkt im Schloss ist auch ein König-Ludwig-II.-Museum untergebracht. Am berühmtesten ist der „Spiegelsaal", der mit seinen 98 Metern Länge der größte Raum eines Schlosses in Deutschland ist. Ebenso sehenswert ist auch der große Park vor dem Schloss, der mit vielen Brunnenanlagen ausgestattet ist.

☞ Schloss Neuschwanstein liegt im Allgäu in der Gemeinde Schwangau bei Füssen und wird oft wegen seiner märchenhaften Architektur und Innenausstattung als „Märchenschloss" bezeichnet. Zugleich wurde das Schloss aber mit den neuesten technischen Raffinessen der damaligen Zeit ausgestattet. So verfügte es über eine ausgefeilte Calorifère-Heizung (eine Art Warmluftheizung, mit der mehrere große Räume beheizt werden können), eine batteriebetriebene Klingelanlage für die Dienerschaft und Toiletten mit automatischer Spülung.

Die Autorin besuchte das Bayerische Hauptstaatsarchiv / Abt. Geheimes Hausarchiv und nahm dort Einsicht in den Nachlass der Herzogin von Urach (Prinzessin Wiltrud).

Falls du richtig forschen willst,

kannst du, wie die Autorin, Bücher zum Thema lesen:

Bayern, Adalbert von: Eugen Beauharnais. Der Stiefsohn Napoleons. Ein Lebensbild. Berlin 1940.

Bayern, Adalbert von: Nymphenburg und seine Bewohner. München 1949.

Bayern, Adalbert von: Max I. Joseph von Bayern. München 1957.

Bayern, Adalbert von: Als die Residenz noch Residenz war. München 1967.

Bayern, Adalbert von: Lebenserinnerungen 1900-1956. München 1991.

Bayern, Adalbert von: Die Herzen der Leuchtenberg. Geschichte einer bayerisch-napoleonischen Familie. München 1992.

Bayern, Adalbert von: Die Wittelsbacher. Geschichte unserer Familie. München 2005.

Bayern, Irmingard von: Jugend-Erinnerungen, 1923-1950. St. Ottilien 2000.

Beckenbauer, Alfons: Ludwig III. von Bayern. Regensburg 1987.

Bestenreiner, Erika: Sisi und ihre Geschwister. München 2002.

Böhm, Gottfried von: Ludwig II. König von Bayern. Sein Leben und seine Zeit. Berlin 1924.

Boscontri, Luca: Sisi. Glanz und Last einer Krone. Köln 1980.

Haasen, Gisela: Ludwig II. Briefe an seine Erzieherin. München 1995.

Huber, Engelbert: Marie Gabrielle. Prinzessin von Bayern. Diessen 1913.

Körner, Hans-Michael und Ingrid: Leopold Prinz von Bayern, 1846–1930. Aus den Lebenserinnerungen. Regensburg 1983.

Redwitz, Marie von: Hofchronik 1888–1921. München 1924.

Reiser, Rudolf: Ohne Bacchus friert Venus. König Ludwig I. in Anekdoten. München 2003.

Schad, Martha: Bayerns Königshaus. Regensburg 1994.

Schad, Martha: Bayerns Königinnen. München 1998.

Schad, Martha: Marie Valerie. Das Tagebuch der Lieblingstochter von Kaiserin Elisabeth von Österreich. München 1998.

Schad, Martha: Kaiserin Elisabeth und ihre Töchter. München 2008.

Schweiggert, Alfons: Schattenkönig. Otto, der Bruder König Ludwig II. von Bayern. Ein Lebensbild. München 1992.

Schweiggert, Alfons: Der Kronprinz. Kindheit und Jugend König Ludwigs II. von Bayern. Pfaffenhofen 1995.

Sinclair, Andrew: Elisabeth. Kaiserin von Österreich. München 1998.

Thiele, Johannes: Elisabeth. Buch ihres Lebens. München 1996.

Thiele, Johannes: Elisabeth. Bilder ihres Lebens. Wien 1998.

Und all die schönen Bilder stammen hierher:

Bayerisches Hauptstaatsarchiv, Abt. Geheimes Hausarchiv:
Kabinetts-Akten König Ludwig II.: 131
Leopoldinische Bildersammlung: 10 (u.), 51 (o. r.), 114 (o.), 134
Nachlass Herzogin Wiltrud von Urach 445: 18, 30
Nachlass Herzogin Wiltrud von Urach 760: 19
Nachlass Pfistermeister: 132
Wittelsbacher Bildersammlung: 28, 29 (o.), 37, 39, 45 (u. r.), 47,
48, 49, 50 (o. l.), 50 (o. r.), 50 (u. l.), 50 (u. r.), 51 (u. l.), 52,
63, 69, 70, 75, 79, 83, 87, 89 (o.), 96, 97, 99, 101, 102,
115 (o. l.), 115 (o. r.), 115 (u.), 117, 122, 127, 128, 129,
130, 133, 135, 146, 153 (l.), 153 (r.), 154, 164, 165 (o.),
167, 171, 172, 176; Stammbaum: Familie Ludwig I., Familie Herzog
Max (Ausschnitt aus Familienbild), Familie Adalbert (Ausschnitt aus
Familienbild), Familie Ludwig III., Familie Ludwig Ferdinand, Familie
Rupprecht und Antonia

Bayerisches Nationalmuseum München: 57
Bayerische Staatsgemäldesammlungen München: 16
Bayerische Verwaltung der staatlichen Schlösser, Gärten und Seen: 10
(o.), 26, 27, 44 (r.), 54, 55, 180
Christopher Lockett-Sammlung: 121
Hessische Hausstiftung: 151
Kunst in der Rheinland-Pfalz Bank/Sammlung Baden-Württemberg: 114
(u.)
Münchner Stadtmuseum, Sammlung Graphik/Plakat/Gemälde, Inv.-Nr. G
37/297: 104
Münchner Stadtmuseum, Sammlung Graphik/Plakat/Gemälde, Inv.-Nr. G
M II 113: 137 (o.)
Nationalarchiv der Richard-Wagner-Stiftung, Bayreuth: 21
Neumann & Kamp Historische Projekte Bildarchiv: 14, 15, 17 (o.),
20, 22, 23, 24, 31, 32, 33, 34, 35, 36, 40, 41, 42, 43, 44
(l.), 45 (o. l.), 45 (o. r.), 45 (u. l.), 46, 51 (o. l.), 53, 58 (beide),

Ein großes Dankeschön

Zur Entstehung dieses Buches haben so viele Menschen mit Rat und Tat, mit ihrer Zeit, ihren Kontakten, ihrem Wissen und ihrem Interesse beigetragen, dass es den Rahmen sprengen würde, jeden namentlich zu nennen. Für diese Hilfe danke ich Euch und Ihnen allen von ganzem Herzen!

Besonders danke ich meiner Mutter, Dr. Cordula Böhm, für die Idee, ein Buch über Prinzen und Prinzessinnen zu schreiben und für ihre uneingeschränkte Unterstützung. Danke!

Christiane Böhm

Sisi – die berühmteste Prinzessin aus dem bayerischen Königshaus – mit ihrem Lieblingshund ,Shadow.

Stammbaum

Ludwig I.   Auguste   Amalie   Charlotte   Karl Theodor
(1786–1868)   (1788–1851)   (1790–1794)   (1792–1873)   (1795–1875)

Ludwig I. ♥ Therese (1792–1854)

Max II.   Mathilde   Otto König von   Theodolinde
(1811–1864)   (1813–1862)   Griechenland   (1816–1817)
                              (1815–1867)

Luitpold
Prinzregent   Adelgunde   Hildegard   Alexandra   Adalbert
(1821–1912)   (1823–1914)   (1825–1864)   (1826–1875)   (1828–1875)

Max II. ♥ Marie (1825–1889)

Ludwig II.
(1845–1886)

Otto
(1848–1916)

Luitpold ♥ Auguste (1825–1864)

Ludwig III.
(1845–1921)

Leopold
(1846–1930)

Therese
(1850–1925)

Arnulf
(1852–1907)

Ludwig III. ♥ Marie Therese (1849–1919)

Rupprecht   Adelgunde   Maria   Karl   Franz
(1869–1955) (1870–1958)   (1872–1954) (1874–1927) (1875–1957)

Mathilde   Wolfgang
(1877–1906) (1879–1895)

Hildegard   Notburga
(1881–1948)   (*†1883)

Wiltrud   Helmtrud
(1884–1975) (1886–1977)

Dietlinde   Gundelinde
(1888–1889) (1891–1983)